Manfred Overesch · Gott, die Liebe und der Galgen

Lebensberichte – Zeitgeschichte

Georg Olms Verlag
Hildesheim · Zürich · New York
2015

Manfred Overesch

Gott, die Liebe und der Galgen

Helmuth J. und Freya von Moltke in ihren letzten Gesprächen 1944/45

Ein Essay

Georg Olms Verlag
Hildesheim · Zürich · New York
2015

Umschlagmotiv:
Der Angeklagte Helmuth James Graf von Moltke vor dem Volksgerichtshof in Berlin, 10.01.1945; © bpk

Die Deutsche Nationalbibliothek verzeichnet diese Publikation in der Deutschen Nationalbibliographie; detaillierte bibliographische Daten sind im Internet über http://dnb.d-nb.de abrufbar.

Gedruckt auf säurefreiem und alterungsbeständigem Papier
Umschlagentwurf: Anna Braungart, Tübingen
Satz: Vollnhals Fotosatz, Neustadt a. d. Donau
Printed in Hungary

www.olms.de
ISSN 1861-4698
ISBN 978-3-487-08552-4

Inhalt

Helmuth James Graf von Moltke in Österreich, 1928. © bpk

Prolog

„Gespaltene Welt und ein liebendes Paar“

„Gestern war ein milder zartfarbiger Herbsttag.“ Lyrik spricht aus diesen Worten, die Freya von Moltke ihrem Mann Helmuth am 8./9. Oktober 1944 schrieb.[1] Sie berichtete ihm von einer Inspektionsfahrt mit dem Pferdewagen, die sie, begleitet vom Kreisauer (bis 1930 Creisau) Verwalter, über die schlesischen Gutsfelder unternommen hatte. Es war Erntezeit für Kartoffeln, Flachs und Rüben. „Die Sonne schien und Kreisau lag lieb und anheimelnd in der Senke, die Eule (sc. das Eulengebirge im Süden) war weit weg und hoch und der Zobten ganz zart, das Laub der Büsche beginnt sich zu verfärben.“ Es war offensichtlich ein Herbsttag, „wie ich keinen sah“, hätte Friedrich Hebbel dazu gesagt. Und weiter: „O stört sie nicht, die Feier der Natur!“ Doch: Freya musste weinen, denn „ich konnte nur an dich voller Liebe und Sehnsucht denken“.

Helmuth von Moltke las den langen Brief seiner Frau in einer Zelle im Wehrmachtsuntersuchungsgefängnis in Berlin-Tegel. Der Anstaltspfarrer Harald Poelchau, ein Freund des Ehepaars, überbrachte diesen Brief wie auch alle anderen – gegen die Vorschrift, natürlich. Freya anerkannte diese heimlichen Hilfen: „Ja, was Pl. für uns tut, ist jenseits aller Möglichkeiten zu danken.“ Für Moltke war der nahezu tägliche Briefwechsel sein wichtigster Lebensfaden, zusammen mit der Bibel und dem alten schlesischen Gesangbuch die einzige Lektüre: für Tage, Wochen, dann jene fast vier Monate, in denen er hier in Tegel auf den Prozess vor dem Volksgerichtshof (VGH) und die nachfolgende Hinrichtung in

Plötzensee warten musste. Das waren die Tage vom 28. September 1944 bis zum 23. Januar 1945. Es war die Zeit, in der sein Denken ausschließlich um „Gott, die Liebe und den Galgen“ kreiste.

Mitte September 1944 hatte Freya an einem Abend in ihrem Kreisauer Berghaus – die Familie wohnte schon seit 1938 dort, nicht unten im Schloss – Ludwig van Beethovens Oper *Fidelio* im Rundfunk gehört. Es ist „die Oper aller Opern“, wie ihr damaliger Dirigent Karl Böhm gesagt hat. Freya war hingerissen und wehmütig zugleich: „Wie ich den beneidet habe, und wie ich sehnsüchtig gewünscht habe, dass ich das auch tun könnte! Aber so ist es eben nur im Fidelio!“ (6. Dez.) Der Hinweis auf das Geschehen in der Oper lässt einen Vergleich zu, offenbart aber auch einen harten Widerspruch.

Der Kulturkritiker Friedrich Dieckmann hat seine Gedanken über *Fidelio* in der sehr passenden Überschrift zusammengefasst „Gespaltene Welt und ein liebendes Paar“.[2] Das trifft auch auf das Ehepaar Moltke zu, besonders auf jene Lebensphase, die beide vom 19. Januar 1944, dem Verhaftungsdatum des Widerständlers Moltke, und dem 23. Januar 1945, seinem Todestag, gemeinsam durchlitten haben. Gespalten war die Welt bei Beethoven zwischen dem Terror des Despoten Pizarro in Spanien und dem Freiheitswillen des Volkes, für das der Gefangene Florestan, ihr früherer Anführer, ein Beispiel ist. Gespalten war sie bei Moltke: Hier der unheilvolle Diktator mit seinen Schergen, dort einer der Deutschland retten wollenden Widerständler. Hier der autoritär herrschende Verbrecher, der mit einer obskuren Ideologie und alles vernetzenden Machtstrukturen einen gewaltsamen Konformismus erzwang, dort der denkende, auf der Basis des Rechts und der Menschenrechte urteilende und handelnde Gegner. Hier die Macht, dort die Ohnmacht. Zu dieser gespaltenen Welt gehört ein liebendes Paar, das die entstehenden Dissonanzen aushält, gegen ihre Kräfte trotzt, aber der politischen Gewalt unterliegt.

Im *Fidelio* gibt es im letzten Akt ein aus der Ferne tönendes Trompetensignal, das die Rettung Florestans verspricht und die gespaltene Welt aufhebt. Diese Trompete, dieser „Archetypus höchsten utopischen Ranges“ (Ernst Bloch), macht *Fidelio* zu einer Rettungsoper. Die Trompete ist „die auf die Erde geholte Fanfare des Jüngsten Gerichts“ (Dieckmann). Aber sie ertönt nicht in der Wirklichkeit des Dritten Reiches, auch nicht in dessen letztem Akt. Es gibt keine Rettung. Das ist im System des Nationalsozialismus so nicht möglich. Es gibt kein Prinzip Hoffnung, auch wenn Moltke das von seiner Zelle aus in mehreren Varianten durchspielt. So lange er lebt, gibt es für ihn keine rächende Apokalypse, in die das System fällt. Als sie kam, am 8. Mai 1945, war es für ihn zu spät. Die Tragik trifft den Falschen. Er erlebt den dies irae nicht mehr; kein Morgenrot wird ihm sichtbar. „Tiefer Kerker, Pistole, Signal, Rettung“ (Bloch), das ist „Fidelio“; Zelle, VGH, Plötzensee, Berliner Rieselfelder, das ist Moltke.

Das bestimmen die Gesetze des Dritten Reiches. Der Rechtsanwalt und Kriegsgerichtsrat Moltke kannte die Gesetze. Sein „dennoch“ war ethisch motiviert. „Wir haben gedacht“, dafür müssen wir sterben. Widerstand ist in einer Diktatur tödlich. Das erfahren viele: Stauffenberg, Goerdeler und Moltke sind nur wenige Namen für sie alle. Roland Freisler, dieser Don Pizarro Beethovens, war Hitlers Hinrichter. Dieser Archetypus eines dämonischen Gehilfen des Diktators hatte sich vom „Folgmann Hitlers“ 1924 zu dessen „politischem Soldaten“ 1943 emporgedient.[3] Als Präsident des VGH hat er sie nahezu alle zum Tode verurteilt. Sein „Nachrichter“ Willy Röttger hat sie in Plötzensee erhängt.

Anders „ist es eben nur im *Fidelio*“. Aber die parallelen Welten in der Oper und im nationalsozialistischen Reich sind doch auffällig, so dass sie hier im Prolog angesprochen werden. „Zur Freiheit, zur Freiheit ins himmlische Reich“ kommt der befreite Gefangene Florestan zusammen mit Leonore, später, am gemeinsamen

Lebensende. Helmuth und Freya von Moltke gehen den Abschiedsweg in ihren Briefen. Deren dokumentarischer Wert für das „liebende Paar“ ist groß; sie sind das Hohelied der Gattenliebe und der Glaubenstiefe. Inhaltlich sind sie gar nicht auszuschöpfen. Viele Augenblicke ragen heraus, die Abschiedsbriefe Anfang Oktober 1944, die Weihnachtsbriefe aus demselben Jahr, das in Briefen von beiden reflektierte gemeinsame letzte Abendmahl am 6. Dezember 1944 vielleicht besonders. Inmitten von Qual und Tod feiern beide das ferne Licht. Sie lassen sich durch Harald Poelchau eine gesteigerte Innerlichkeit vermitteln. Sie wünschen sich eine ruhig-innige, festlich leuchtende Gewissheit jenseitiger Heimat. Der überlebenden Frau sichert das Abendmahl die ihr kostbare Erinnerung an einen letzten großen Augenblick mit ihrem Mann; ihm, dem Todgeweihten, sichert es die Stärkung. Es symbolisiert den definitiven Abschied voneinander und vom Leben des einen. Es ist ein Gründonnerstag, von hier aus führt kein heilender Schritt zurück in die Freiheit. „Es kommt gewiss nicht auf ein langes Leben an“, schreibt Moltke seiner Frau am 9. November 1944, „aber es ist doch sehr schwer zu sterben und so bewusst zu sterben.“ Eine Diktatur tötet die, die ihr widerstehen wollen.

Der Widerstand gegen den Nationalsozialismus in dem von ihm proklamierten Dritten Reich bleibt trotz aller Forschungsintensität eine Welt im Halbdunkel. Das liegt in der Natur der Sache. Der Schatten der Geheimen Staatspolizei war allgegenwärtig; ihre offizielle Existenz wie auch ihre vieles durchsetzenden Spitzel machten sie allmächtig und allgegenwärtig. Dass sich dennoch Einzelpersonen und Gruppen fanden, die über ein anderes Deutschland nachdachten, macht die Erinnerung auch an diese Phase der deutschen Geschichte besonders wertvoll.

Am 23. und 24. Juli 1945 tat als erster Eugen Gerstenmaier in zwei Artikeln in der Schweizer *Neuen Zürcher Zeitung* öffentlich kund, was zu dieser Zeit und bei seinem Einblick „Zur Geschichte des Umsturzversuches vom 20. Juli 1944“ zu sagen war. Der erste Jahrestag des von Stauffenberg im ostpreußischen Führerhauptquartier „Wolfsschanze“ unternommenen und fehlgeschlagenen Attentats auf Hitler löste damals, so unmittelbar nach dem Ende des Zweiten Weltkriegs, keine Welle großen Interesses aus. Als fünf Jahre später die gerade gegründete Bundesrepublik Deutschland wegen ihrer Personalpolitik in öffentliche Erklärungsnot geriet, suchte der Bundeskanzler Adenauer vor dem Deutschen Bundestag diese Debatte gleich zu ersticken.[4] Es fiel das Wort von der „Naziriecherei“. Erst 1967 konnte Ger van Roon mit seiner Monographie *Neuordnung im Widerstand* die Diskussion in Deutschland nachhaltig anstoßen. Sie ist durch das jüngst erschienene Buch von Wolfgang Benz (*Der deutsche Widerstand gegen Hitler*, 2014) sicher noch nicht abgeschlossen.

Der hier nur interessierende Kreisauer Kreis (den Namen gab die Gestapo) gehört neben dem militärischen Kreis um Beck, Stauffenberg, Tresckow, Witzleben u. a. und dem Kreis um Carl Friedrich Goerdeler, aber auch neben den zu bedenkenden sozialdemokratischen und kommunistischen Theoretikern und Akteuren im Konzentrationslager Buchenwald z. B. ganz weit in den Vordergrund der Beachtung. Der Spiritus Rector des Kreisauer Kreises, der schlesische Graf Helmuth J. von Moltke, sowie dessen enger Freund Peter Yorck von Wartenburg schafften es von 1941 bis 1943, eine große Koalition der Widerstandsdenker, wie man sie benennen möchte, zusammenzuführen. Das von Moltke vor dem VGH gemachte Eingeständnis, wiederholt in dem diesen Prozess reflektierenden Brief an seine Frau Freya von Moltke, sie seien Menschen gewesen, die „nur dachten“[5], mindert etwas die Wirklichkeit und die sie tragenden Intentionen.

Die „Kreisauer“ haben sehr systematisch gedacht. Sie konnten und wollten nicht eine Verkörperung des gesamten politischen (freien) Geistes in Deutschland zu ihrer Zeit sein, versuchten aber doch, ein Ganzes zu denken. Sie suchten ein Gegenbild zur zentralistischen Gewaltherrschaft im Dritten Reich. Das bedeutete nicht die Rückkehr zur Weimarer Republik, denn besonders an deren Parlamentarismus empfanden sie ein Ungenügen. Als Schlagwort gefasst, war es die Theorie eines reformierten Sozialismus, der ihnen vorschwebte. So waren die Ideen des ersten großen preußischen Reformers, des Frhr. vom Stein, zur Selbstverwaltung ihnen gegenwärtiger als die Verfassungsarbeiten etwa der Frankfurter Paulskirche von 1848. Die päpstlichen Sozialenzykliken von 1891 und 1931 wirkten auf ihre sozialpolitischen Aussagen ein, Moltkes und Yorcks eigene Gutserfahrungen auf ihre agrarpolitischen Vorstellungen. Hinzu kamen Gedanken zur allgemeinen wissenschaftlichen und pädagogischen Hochschulbildung, zu Kirche und Staat sowie weiter greifende geistes- und wirtschaftswissenschaftliche Aussagen.

Die Gesamtgruppe der Kreisauer ist präzise nicht zu benennen. Es gab einen Kern; das sind die hingerichteten acht Personen Helmuth J. von Moltke, Peter Yorck von Wartenburg, Adam von Trott zu Solz, Hans-Bernd von Haeften, Julius Leber, Theodor Haubach, Adolf Reichwein und Alfred Delp. Darüber hinaus gab es aber auch weitere wichtige Zuträger und Dialogpartner. Der Sozialdemokrat Carlo Mierendorff, Theodor Steltzer, Hans Peters und Paulus van Husen, ein ehemaliger Zentrumspolitiker und Landrat Schlesiens, wären zu nennen. Husen kontaktierte u. a. den schlesischen Oberpräsidenten Hans Lukaschek. Zu erwähnen sind Vertreter der Kirchen, zunächst die Jesuiten Delp, König (nur Bote) und Rösch, dann die Protestanten Gerstenmaier und Poelchau.

Eine Gesamttagung dieser Personen in Kreisau hat es nicht gegeben. Die drei Treffen vom 22.–25. Mai 1942, vom 16.–18. Oktober 1942 und vom 12.–14. Juni 1943 sahen unterschiedliche Personenkreise zusammen. Alle Treffen waren durch Gespräche in Kleingruppen in Berlin oder München vorbereitet worden. Papiere zirkulierten. Moltkes Arbeitsmethode war es, konträr denkende Partner in Dialogen zusammenzubringen. Daraus erwuchsen Enddokumente bzw. Grundsatzerklärungen. Hinzugehören aber auch deren Entwürfe, Zwischentexte und beigefügten Korrekturen. Aus dieser Summe kann man kein Manifest, gar ein Grundgesetz des Widerstands entnehmen, aber doch die gedankliche Weite und auch eine gewisse programmatische Konzentration. Es entstand eher eine große Impulssammlung, ein opus in statu nascendi. Die Arbeit der Kreisauer wäre keineswegs zu vergleichen mit der des späteren Herrenchiemseer Verfassungskonvents von 1948. Dazu fehlte ihnen vieles, die ausgewählte Kompetenz und natürlich die für die Breite und Tiefe der Diskussionen notwendige Gedanken- und Bewegungsfreiheit.

Dennoch darf man die Kreisauer Papiere als ein wichtiges „Dokument der neueren Zeitgeschichte“ (Roman Bleistein)[6] Deutschlands ansehen, sogar als ein sehr bedeutendes. Die Überlieferung verdanken wir dem Jesuitenpater Lothar König, der das unfertige Gesamtwerk in seinen Teilen nach dem 20. Juli 1944 abwechselnd in der Michaelskirche in München und im Tresor des Berchmannskollegs in Pullach deponierte. Dort wurde alles nach dem Tode Königs (1946) zunächst vergessen, aber später, 1971, aufgefunden.

Neben der Aktivität in politisch-programmatischen Fragen und organisatorischen Aufgaben ragt bei Helmuth J. von Moltke auch ein starkes inneres Bild heraus. Er und seine Frau Freya Gräfin von Moltke sind für nachkommende Interessenten als Charaktere großer, wahrer Menschlichkeit wahrnehmbar. Das sind viele andere auch, besonders unter den Widerstandskämpfern im Dritten Reich. Aber es kommt bei den Moltkes ein Glückfall hinzu. Ihre unverstellt und sehr persönlich geschriebenen, ausgetauschten und überlieferten Briefe, über 1000, machen die Ausnahme aus. Die Briefe öffnen dem späteren Leser die Gedanken- und ebenso die Gefühlswege eines liebenden und um den christlichen Glauben ringenden Paares in existentieller Not, ja in der Todesgewissheit des einen. Vor diesem Hintergrund entfalten sich Augenblicke der unverstellten Wahrheit; es sprechen Dokumente der Humanität und der Religion. Der Leser kann seine Sympathie befragen.

„Gewaltig ist vieles, doch nichts ist gewaltiger als der Mensch." Das ist der berühmte (Chor-) Kommentar des Griechen Sophokles, 442 v. Chr. im Blick auf das Beispiel der zwischen staatlichen Gesetzen und göttlichen Geboten stehenden mythischen Antigone geschrieben.[7]

Das Wort gilt allgemeiner. Es muss auch anders in die deutsche Sprache übersetzt werden, als das üblicherweise geschieht. Das griechische „deinos" oder „deinon" ist ambivalent in seiner Bedeutung, denn es meint beides, Furcht und Ehrfurcht gebietend, unerhört-gewalttätig agierend einerseits und der Ehre würdig andererseits. Also wäre das Sophokles-Wort so zu übersetzen: „Schrecken und Staunen erregen viele Dinge, aber nichts mehr als der Mensch selbst." Dies bedenkend, kann man das Zitat sehr gut auf Moltke – und ebenso in seiner negativen Bedeutung auf Freisler u. a. – beziehen und sagen: Schrecken erregend ist das Vermögen des Menschen, sich mit seiner physischen, emotionalen, wissenschaftlichen oder politischen Kraft und Macht durchzusetzen und das Leben anderer zu beeinflussen. Ehrfurcht gebietend aber auch ist das Vermögen des Menschen, dem Ideal des Wahren, Ewigen, Guten zu folgen oder danach zu suchen, dafür zu demonstrieren. Stößt beides auf- und gegeneinander – wie in der antiken Tragödie, so in der nationalsozialistischen Tragödie –, kann es exemplarische Höhen und Tiefen geben. Das ist am Beispiel des schlesischen Grafen Helmuth J. von Moltkes nachzuvollziehen.

Ganz im Vordergrund dieses Buches stehen die privaten Briefe Helmuths und Freyas von Moltke sowie sein Ravensbrücker Tagebuch. Diese bewusste Konzentration lässt den Verzicht auf eine weitere und ausführliche Diskussion der Forschungsliteratur verständlich werden; sie ist an anderen Orten breit publiziert und leicht zugänglich. In Teilen vergleichbar wären die Moltke-Quellen in erster Linie mit den *Briefen an Olga*, die Vaclav Havel als seine *Betrachtungen aus dem Gefängnis* 1989 publizieren ließ. Die benutzten archivalischen Quellen (vornehmlich aus dem Bundesarchiv Berlin, dem Stadtarchiv Hannover und dem Universitätsarchiv Jena) lassen sich leicht aus dem Literaturverzeichnis entnehmen. An den jeweiligen Textstellen wird auf sie knapp verwiesen.

Geschrieben ist das Essay im Blick auf den 70. Jahrestag der Ermordung Helmuth J. von Moltkes am 23. Januar 1945 in Berlin-Plötzensee.

Gewidmet ist es meinem Enkel Lauris Johannes.

1. Kapitel

„Ich bin der Welt abhanden gekommen“ Die Zelle in Tegel

1943 erlebte Moltke sein letztes Weihnachtsfest auf seinem Kreisauer Gut. Zurück nach Berlin, verhaftete ihn dort am 19. Januar 1944 der SS-Sturmbannführer Schäfer. „Gegen 4“ war dieser in das Büro im Amt Ausland/Abwehr im OKW, am Kurfürstendamm gelegen, gekommen und hatte Moltke die Warnung für Otto Carl Kiep vorgehalten. Kiep, ein Kollege in derselben Dienststelle, werde bespitzelt. Kiep war bereits am 12. Januar verhaftet worden; er wurde nach einem Urteil des VGH am 26. August 1944 hingerichtet.

Helmuth J. von Moltke wurde in Schutzhaft genommen. Das war jene Zwangsmaßnahme der Gestapo gegen Personen, von denen die nationalsozialistische Diktatur meinte, sie könnten „durch ihr Verhalten den Bestand und die Sicherheit des Volkes und Staates gefährden“ (Erlass 25. Juni 1938). Man führte den schlesischen Grafen zunächst in die Gestapo-Zentrale in der Prinz-Albrecht-Straße 8. Die ehemalige Berliner Kunstgewerbeschule war schon seit dem Frühjahr 1933 das „Hausgefängnis“ der Gestapo, die – mit zunehmender Brutalität – im Keller und im Erdgeschoss hier ihre Gefangenen festsetzte und teilweise unter Folterungen zu Geständnissen presste. Moltke saß in einer Zelle zu ebener Erde und konnte sich orientieren: „links neben mir“ das Völkerkundemuseum, geradeaus „die Einfahrt zum alten (preußischen) Herrenhaus“ und rechts blickte er über Trümmerflächen „bis zum

Luftfahrtministerium“. Er meinte, diese große Mitte Berlins „vom Logenplatz aus“ (6. Feb.) sehen zu dürfen[8] – Galgenhumor, makaber, eine Satire? Jedenfalls war es für ihn, wenn auch in diesem Augenblick noch nicht bewusst, der Abschied für immer von einem freien Leben, ja überhaupt vom Leben.

Moltke stemmte sich energisch gegen das eigene Vergessen und eine mögliche Lethargie. Er begann sofort ein Tagebuch zu schreiben. Dafür nutzte er jenes Heftchen, das ihm sein Sohn Helmuth Caspar zu Weihnachten, bemalt mit kindlicher Hand, geschenkt hatte. Es wurde später von seiner Frau im Nachlass ihres Mannes gefunden und ist die wichtigste Quelle für Moltkes Leben und Erleben in der Haft in Berlin und nachfolgend im Konzentrationslager Ravensbrück bis zum August 1944. Darüber hinaus gewährt das Tagebuch Einblicke in die Lagerwirklichkeiten der SS und dokumentiert, ohne große Dramatik, aber sehr eindrücklich, die plötzlich einsetzende Verhaftungswelle nach dem Stauffenberg-Attentat vom 20. Juli.

Moltke musste sich in ein anderes Leben finden. Er wollte seine körperliche Fitness auf jeden Fall erhalten. Seine Berliner Zelle, ein altes Bürozimmer, ließ sieben Schritte geradeaus zu. Er ging die wenigen Meter täglich mehr als 700 Mal, „also etwa 5 km“, wie er sich notierte. Dazu machte er in Intervallen 100 (später bis zu 250) Kniebeugen. Die Möglichkeiten, die geistige Vitalität und Präsenz zu erhalten, erwog er sorgfältig: „Ich habe zwischen 3 Dingen geschwankt: Griechisch lernen, Theologie und Landwirtschaft“ (28. Jan.). Er entschied sich gegen die griechische Sprache; ein solches Studium wäre auch zu gedankenarm und ohne verwertbares Wissen gewesen. Er nahm sich die Theologie und die Landwirtschaft als Studienobjekte vor.

Die Bibel wurde für ihn das wichtigste Buch, nicht so sehr als Lektüre zur Erbauung, sondern als Studienquelle des Glaubens. Er wird mit diesem geistig-geistlichen Leitfaden bis unter den Galgen von Plötzensee gehen. Seine Selbstanklage, „so viele Jahre nicht mehr systematisch Bibel gelesen" zu haben (10. Febr.), motivierte ihn zu lesen und nachzudenken, in erster Linie die „Auferstehungstheologie" verstehen zu wollen. Das bedeutete nicht eine einschränkende Konzentration auf Paulus, besonders den von ihm immer zitierten und sehr geschätzten Korinther-Brief. Er las vielmehr die ganze Bibel, das NT und das AT. Seine Zelle wurde sein „Studierzimmer", wie er selbst wiederholt notierte.

Durchaus günstig war für ihn, dass Eugen Gerstenmaier, einer der Teilnehmer an den Kreisauer Gesprächen, ihm die damals neueste theologische Literatur besorgte: Georg Wünsch, *Theologische Ethik*, Walter Künneth, *Theologie der Auferstehung* (1933), Bücher des Exegeten Adolf Schlatter, auch Gerstenmaiers eigenes Buch *Die Kirche und die Schöpfung* (1938). Hinzu kamen Seneca, Augustins *Confessiones* und sein *Civitas Dei* und in großer Breite Martin Luther mit seinen Schriften, Artikeln und Predigten. Dazu las er Leopold Rankes *Geschichte der Reformation in Deutschland*, ein schon etwas älteres (1917) Standardwerk der historischen Theologie. Als weitere Sekundärliteratur werden im Tagebuch wiederholt erwähnt: die neueste Bismarck-Biographie von Wolfgang Windelband (1943), parallel dazu die militärischen Denkschriften seines Urgroßonkels Helmuth von Moltke, auch Eduard Gibbons *Decline and Fall of the Roman Empire* (1934) und als Ergänzung *Byzanz und das Abendland* von J. Ph. Fallmerayer (1943). Gegen Ende seiner Ravensbrücker Schutzhaft nannte Moltke auch Kants *Kritik der reinen Vernunft*. Man sieht: Das war ein thematisch weit gespanntes und beispielhaftes abendländisches Lektüre- und Studierprogramm, eindrucksvoll und anspruchsvoll, keineswegs eine Bettlektüre, sondern eine Schreibtischarbeit für das Studium der Theologie und darüber hinaus auch der Geschichte.

Es fehlt noch die landwirtschaftliche Literatur. Der Jurist, Volksrechtler und Widerstandskämpfer Moltke war auch Gutsherr. Zwar verwaltete für ihn Adolf Zeumer das Kreisauer Gut, aber Moltke wollte dabei in der Sache mitsprechen können. Was er durchaus auch kontrovers getan hat. So finden wir in dem Tagebuch Hinweise auf Fachliteratur zur Schaf-, Rinder- und Saatzucht sowie zur Düngemittelverwertung. Alles das ergab regelrechte Lektüreseminare, z. B. hat Moltke dieses für den 26. April so notiert: AT Jeremia, Fachliteratur zur Schafzucht, die Denkschriften seines Vorfahren zu den preußischen und preußisch-deutschen Kriegen von 1866 bzw. 1870/71 und am Abend dann noch Augustins *Confessiones*. Nichts las er in einem Zuge, alles in wohl erwogenen Abschnitten. Dass er gelegentlich auch Stifter las (*Brigitta*, *Der Nachsommer* und anderes) und sich Patiencen legte, notierte er eher am Rande.

Als Moltke am 6. Februar 1944 „in einer schlecht gefederten, eisig kalten grünen Minna" die ca. 70 km nordwärts ins Konzentrationslager Ravensbrück gefahren wurde, um dort in einem abseits gelegenen Zellenbau inhaftiert zu werden, half ihm die Ernsthaftigkeit seines Selbststudiums wesentlich über diesen für ihn durchaus dramatischen Fortgang seiner Inhaftierung hinweg. Er wurde sogar fortwährend von seiner Dienststelle kontaktiert und erarbeitete und diktierte einer eigens aus Berlin angereisten Sekretärin Gutachten. Er merkte aber sehr bald und immer wieder, wie die äußeren Umstände, d. h. der Entzug seiner Freiheit, die häufigen, aber zum Glück (noch) nichts Wichtiges aufdeckenden Vernehmungen und die Isolation ihm zusetzten: „Mein Seelenfrieden (ist) eben doch arg labil", so lesen wir unter dem 23. Februar 1944 in seinem Tagebuch. In Berlin war er „als eine Art kriminalistische Kostbarkeit betrachtet" worden, wie er selbst meinte (27. Jan.); in Ravensbrück war er schon ein „Sonderhäftling" (auch ein gelegentlicher Sonderling, der bei Regen mit aufgespanntem Schirm durch das Lager ging), zwar mit Privilegien in Kleidung, Essen und Bewegung, aber auch strenger abgeschottet.

Was das Lager in der Mecklenburger Seen- und Kiefernlandschaft und die Mehrzahl der dort Inhaftierten sowie – noch schlimmer – ihre Wachmannschaften ihm, dem geistig diszipliniert und anspruchsvoll lebenden und denkenden Menschen anbieten konnten, war nach seinem Urteil „alles Kappes" (11. Febr.). Die Theologie umgab ihn dort nur als stille oder manchmal auch laut gesprochene Lektüre, keineswegs als von anderen mitgetragener Ritus: „Ich bin nun den vierten Sonntag hier und habe noch keine Kirchenglocke gehört. Die Sonntagsgeräusche unterscheiden sich von den Alltagsgeräuschen dadurch, dass das Hundegebell noch anhaltender ist und die Marschlieder den ganzen Vormittag füllen; anscheinend hört man auch die H. J. (sc. Hitler-Jugend). Man fühlt sich so durchaus im Land der Gottlosen." (28. Febr.)

Es gab aber im Lager auch ihn geistig und emotional ansprechende Ausnahmen. Er erwähnt in einem späteren Brief (28. Nov.) – durchaus exemplarisch zu nehmen für die Wirklichkeiten in nationalsozialistischen Konzentrationslagern – drei Bibelforscherinnen, die „nette, dicke Ostpreußin", die „schlaue Berlinerin", die „sehr pfiffige, kluge Böhmin", oder Gerti, die „wegen eines politischen Witzes" in Schutzhaft genommen war. Mit ihnen hatte Moltke nach wechselseitigen Austestungen eine vertrauensvolle Lagergemeinschaft gebildet. Dazu gehörte auch die Berliner Kabarettistin Isa Vermehren, die in Ravensbrück aus Gründen der Sippenhaft eingesperrt worden war. Isa konnte sehr gut singen und tat das auch. So trug sie einmal Gregorianische Gesänge vor, die auch einen „rüden SS-Mann" anrührten (24. Juni). Bei einer anderen Gelegenheit gestaltete sie ganz allein „ein sehr schönes, auf abendliche Trauer gestimmtes Konzert"

(3. Juli). Mit Isa und einer anderen Frau sang Moltke einem Mithäftling zu dessen Geburtstag einen dreistimmigen Kanon. Natürlich war das nur ein Minimum des Trostes und der Freude gegen all die Geräusche der Qualen, die die SS den Häftlingen – es waren vornehmlich Frauen in Ravensbrück – durch Strafestehen, Auspeitschen mit der Nagaika, einer Lederpeitsche, und auch nur durch die übliche Brüllerei aufzwang. Die wenigen, im abseitigen Zellenbau untergebrachten Häftlinge, zu denen Moltke gehörte, verständigten sich durch ihre offenen Fenster mit Erkennungsmelodien. Moltke pfiff im gespielten Gleichmut die Weise „Wem Gott will rechte Gunst erweisen". Vermehren antwortete mit Mozartmelodien.

Alles trat zurück, wenn Freya von Moltke kam. Ihre Besuche waren „Hauptfreudentage" für ihren Mann. Sie konnte in den Monaten Februar – August 1944 ihren Mann 12 Mal besuchen, immer mit dem Nachtzug aus Kreisau anreisend. Treffen durften sich beide in der sieben Kilometer vom Konzentrationslager entfernten Sicherheitspolizeischule in Drögen. Freya brachte immer „herrliche Sachen" mit: Tee, Kaffee, Zucker, Bonbons, Zwieback, Quark und bemalte Eier zu Ostern (5. Apr.). Im Sommer waren es Tomaten, Gurken und sogar einmal „ein Körbchen Erdbeeren" (30. Juni), dazu die alte Teekanne aus Kreisau und einen Tauchsieder. Mit ihr kamen für ihren Mann „ihr Garten und Bienen, Felder und Wald" der schlesischen Heimat. Es war das Leben, sein Leben, das sie mitbrachte, die – gefilterten – sinnlichen Erfahrungen der Natur und der Heimat.

Die emotionale Tiefe der Besuche seiner Frau traute Moltke seinem Tagebuch nicht an. Auch politische und militärische Themen reflektierte er schriftlich nicht. Es gibt eine wichtige Ausnahme. Schon am Abend des 6. Juni erfuhren Moltke und die anderen Mithäftlinge des Zellenbaus von der alliierten Invasion in der Normandie vom Morgen desselben Tages. Der

Widerständler Moltke witterte eine Chance und schrieb sofort und recht offen in sein Tagebuch: „Das wird nun zu einer Krisis und dann, so Gott will, zu einer Entscheidung führen. Jedenfalls sind jetzt die Würfel gefallen." Nicht das Regime überschritt den Rubikon, um zu siegen. Das meinte Moltke natürlich auch nicht. Sondern die Gegner taten es. Würden ihnen die Widerständler schnell folgen können? Der Tagebucheintrag war durchaus gefährlich. Bei einer Entdeckung dieses Dokuments hätte ihm Defaitismus vorgeworfen werden können. Eine solche Aussage reichte damals dem VGH, um die Todesstrafe auszusprechen. Nun, die Chance eines erfolgreichen Widerstands tat sich nicht auf; das Attentat vom 20. Juli scheiterte. Moltkes Tagebuch ist nicht entdeckt worden.

Moltke las an jenem 6. Juni 1944 in Kants *Kritik der reinen Vernunft*. Sechs Wochen später, nach dem gescheiterten Attentat in der ostpreußischen Wolfsschanze, notierte Moltke nur: „Der Tag war schwül, manchmal klar."[9] Eine hintergründige Interpretation verbietet sich dem heutigen Leser. Es wäre nur Spekulation, der Schwüle und Klarheit weitere Gedanken entnehmen zu wollen.

Moltke merkte indessen und notierte sich auch, dass im Lager „Umziehen und Trubel" aufkamen, bald eine sogar „fürchterliche Unruhe". Dann nahm er einen großen „Zugang neuer Häftlinge" wahr. Dass diese, z. B. Hjalmar Schacht und Johannes Popitz, die unter den ersten Neuzugängen waren, die Kunde eines fehlgeschlagenen Attentats nicht über das Kommunikationsnetz der Lagerhäftlinge verbreiteten, ist wohl nicht zu vermuten. Moltke sah und erlebte indessen noch mehr. Zusammen mit Reichwein, Leber und Haubach, seinen früheren Kreisauer Gästen und jetzigen Ravensbrücker Mithäftlingen, wurde er zu neuen Vernehmungen nach Drögen gebracht. Dort bot sich ihm ein auffälliges Bild. Er sah „etwa 200 m entfernt lauter Generäle,

Admiräle, Generalstabsoffiziere und ähnliche Honoratioren", „auch Canaris", seinen unmittelbaren Dienstvorgesetzten im Amt Abwehr/Ausland. All diese Personen machten „unter starker Bewachung" Rundgänge. Das konnte nichts Gutes bedeuten.

Der schlesische Graf muss das Gesehene richtig eingeschätzt haben. Vor wenigen Wochen erst hatte der Gestapochef Heinrich Müller bei einer Lagerinspektion in Ravensbrück in vage Aussicht gestellt, dass der Reichsführer SS Heinrich Himmler Moltkes Haftentlassung befürworten könnte. Jetzt wendete sich das Blatt und das durchaus dramatisch. Moltke wurde nicht etwa entlassen, sondern sofort in eine verschärfte Haft genommen. Er wurde innerhalb des KL Ravensbrück verlegt, bekam schlechteres Essen und wurde in Häftlingskleidung gesteckt. Es wurde ihm bedeutet, dass er nun ein Untersuchungshäftling sei, den die Gestapo den von ihr zu diesem Zeitpunkt bereits teilweise aufgedeckten Widerstandskreisen zurechne. Die Enttarnung des Kreisauer Kreises gelang der SS schnell. So ist es ein sehr deutliches, vielleicht von Moltke bewusst an das Ende seines Tagebuches gesetztes (Schluss-)Wort, das er über den 17. August 1944 schrieb: „Es war ein schöner warmer Sonntag mit mittlerer Wolkenbildung und ich sah im Geiste die Erntewagen bei uns in den Hof fahren." Das war immer die Hoch-Zeit eines Gutsherrn und jedes Bauern. Jetzt war es ein Zeichen des Abschieds.

Damit endet das Tagebuch von Ravensbrück. Bücher und Papiere wurden ihm abgenommen. Kaltenbrunner hatte am 10. August 1944 bereits an Bormann geschrieben, seine Dienststelle habe Moltkes „Fragen einer Regime-Änderung" durchschaut.[10] Die Gestapo veranlasste gut einen Monat später die Überstellung des prominenten Grafen zurück nach Berlin. Das geschah am 28. September. Am selben Tag war seine Frau auf gut Glück, aber in größter Sorge, nach Drögen gefahren, um das Schicksal ihres Mannes zu erkunden. „Wie gut, dass Sie gekommen sind."

Der wachhabende Soldat begrüßte die Ahnungslose und händigte die Sachen ihres Mannes aus; in einer der Taschen befanden sich die beiden Tagebuchheftchen. Freya fuhr mit allem sofort zurück nach Berlin.

Seine Rückverweisung nach Berlin, das wurde Moltke schnell bewusst, offenbarte die auch ihm jetzt drohende Todesgefahr, in die er geraten war. Wie andere, jedoch teilweise später als diese – z. B. Leuschner, Leber, Haubach oder Wirmer – wurde er gut zwei Monate nach dem ostpreußischen Attentat nach Berlin überstellt. Etwas Glück bedeutete es für ihn, dass er nicht der Gestapo direkt ausgeliefert wurde und deswegen nicht in deren Gefängnis in der Lehrter Straße oder gar in die Prinz-Albrecht-Straße kam, sondern in das noch in den Händen der Justizverwaltung liegende Gefängnis Tegel, im Norden Berlins am Tegeler Wald, also auch eher am Rande der alliierten Bombereinflüge in die Reichshauptstadt gelegen. „Die Atmosphäre atmet eben doch noch einen Rest von Recht." Das schrieb er später, am 28. Dezember, an seine Frau. Tegel war ein Bau aus der Kaiserzeit, wo auch der „Hauptmann von Köpenick" um die Jahrhundertwende eingesessen hatte.[11] Gleichwohl war der Umschwung für Helmut Graf Moltke drastisch, vor allen Dingen mental. Die Todesgefahr war auch für ihn real geworden. Die Zelle in Tegel machte das als Ort sofort erlebbar. Am 28. September wurde er dort eingeliefert. Beim Ausstieg aus dem Auto war Freya zufällig auf dem Gefängnishof in Tegel. Für „einige Sekündchen" konnten sich beide sehen. Stunden später begannen sie, beide in vollem Bewusstsein ihrer Lage, einander Abschiedsbriefe zu schreiben.

Beider Briefe sind großartige Protokolle des Lebens. Ihre Inhalte sind eigentlich immer dieselben. Sie sprechen im Sinne und im direkten Bezug auf den Paulusbrief an die Korinther (13,13) von Glaube, Liebe und Hoffnung. Die konkreten Inhalte jedes Denkens und Fühlens beider Ehepartner – gelegentlich kommen

Erlebnisse oder Erfordernisse des Kreisauer Gutes zur Sprache, häufiger ist auch die Rede von den beiden Söhnen Konrad und Caspar – werden durch Helmuths Zellenerfahrung natürlich stark provoziert, durch seine Todesgefahr erzwungen, durch seinen Willen nach einem tröstenden Lebensabschied begünstigt und auch verstärkt.

Wenden wir uns hier zunächst der Berliner Zelle zu. Man kann schwer ein lebendiges, erzählendes Bild dieser Gefängniszelle, erst recht nicht eines ihrer Atmosphäre vermitteln. Das gilt auch für den, z. B. den Autor, der aus der eigenen Kenntnis dieser Örtlichkeit und der Quellen heraus spricht. Jede Zelle in Tegel ist Teil einer überlegten Baukonstruktion, entworfen und umgesetzt noch am Ende des 19. Jahrhunderts. Von einem Stern mit den Treppengängen zweigen radial vier Trakte ab, A, B, C, D. Die Trakte sind vierstöckig, der Trakt D ist immer der Verwaltung vorbehalten. Auf jedem Stockwerk sind rechts und links eines etwa 5 m breiten Ganges, der allerdings mittig durchbrochen ist und so den Blick durch alle vier Stockwerke erlaubt, 12 Zellen. 2 Seiten x 12 Zellen x 3 Trakte x 4 Stockwerke ergeben 288 Zellen pro Gebäudekomplex. Die Mauern sind innen wie außen 80 cm stark, jede Zellentür aus Holz, 6 cm dick, mit Eisen beschlagen, mit Schloss und Riegel von außen verschließbar.

Jede Zelle ist 5,2 qm groß, etwa 3,0 x 1,7 m, und 2,75 m hoch. Die Tür misst im Scheitel eines leichten Rundbogens nur 1,75 m Höhe; also musste sich jeder Ein- und Austretende (Moltke war 2,03 m groß) deutlich bücken, eine dem Gefangenen abgezwungene Demutsgebärde. Das Fenster, natürlich vergittert, beginnt in einer Höhe von 2 m und ist etwa 1 x 0,70 m groß. Für die Gefangenen nach dem 20. Juli waren die Fenster in Tegel mit einer Sperrholzplatte zugestellt, in die ein Lichtausschnitt von 0,20 x 0,20 m eingefräst war.

Die Einrichtung jeder Zelle war spartanisch. Moltke hat für seine Frau eine Zeichnung angefertigt. Sie ist noch heute vor Ort nachvollziehbar. Links hinter der Tür stand ein Kübel als Klo, daneben eine Wasserkanne. Beides hatte jeder Häftling morgens neu zu besorgen. An der Wand gegenüber stand ein klein(st)er Kleiderschrank mit zwei offenen Fächern für Wasch- und Essgeschirr. Daneben zum Fenster hin befanden sich der Tisch (0,80 x 0,50 m) und ein Stuhl mit einer Lehne, gegenüber das Klappbett, das 1,95 x 1 m maß. Zum Fenster hin war noch Platz für den dort abzustellenden Koffer. Eine schwache Lampe mit 15 Watt hellte die ständige Tagesdämmerung von Oktober bis Januar unwesentlich auf. Vom Kopfende des Bettes schaute jeder Häftling die knapp 3 m bis zur Tür seiner Zelle. Den Himmel sah er nur in einem sehr kleinen Ausschnitt. Der Geruch, der vom Fäkalienkübel ausging – in jeder Zelle derselbe, in jedem Trakt sich mehrend, im obersten Stockwerk, in dem Moltke lag, sich konzentrierend –, stand in der Zelle, setzte sich an den Wänden und in der Kleidung fest.

„Es ist hier sehr kalt“ schrieb Moltke seiner Frau sofort, denn eine Heizung gab es natürlich in der Zelle nicht. Er bat um einen Winteranzug, einen Wintermantel und eine Decke. In späteren Briefen richteten sich seine Ausstattungsbitten auf 2 Kleiderbügel, 1 Hosenspanner, 1 Paar Schuhblöcke und Schuhcreme, 1 Kopfkissenbezug und 1 Handtuch. Auch erbat er eine schwarze Krawatte und sehr einfache Manschettenknöpfe. Moltke wollte an jedem Tag, auch und gerade in der Zelle, ein Herr bleiben, wenn es denn ging.

„Das Essen hier ist nicht ausreichend.“ Dieses lakonische Wort überrascht nicht. „Der Mittagspamps ist leidlich und nicht so, dass er einem widersteht, das Brot ist immer trocken und mittelgut.“ Es gebe „nichts Frisches und kein Eiweiß“. „Fett und Zucker ist das, was fehlt.“ Daran musste es seine Frau aber nicht fehlen lassen. Sie brachte gemäß ihren Besuchsmöglichkeiten Butter, Wurst, Honig, Salz und gelegentlich auch Zigaretten mit, alles in bescheidenen Mengen natürlich, von denen Moltke aber immer wieder etwas für einen Wärter abzweigte, um über diesen kommunizieren zu können. Er war für diese Zugaben sehr dankbar und glücklich, „dass die erzwungene Isolierung mich diesen Reichtum erkennen lässt". Isolation und Reduktion erweckten auch bei ihm die Sinne für das Maß und seinen Wert.

Dennoch stellt sich die Frage: Wie kann man das Leben in einer solchen Zelle ertragen, gar gestalten, in einen auch selbst mitbestimmten Rhythmus bringen? Wie kann das mit der stets begleitenden Todesgewissheit geschehen, wie gar über mehr als 100 Tage ausgehalten werden? Man denke an die Stille, an das immer dämmrige Licht, an die Dunkelheit über mehr als 15 Tagesstunden hin und immer wieder an die Gerüche. Und dann drangen Geräusche in diese Stille, immer heftig: die rasselnden Schlüssel, das knarrende Schloss, der schlagende Riegel, die knallende Tür, natürlich ohne dämmende Leibung. Die Geräusche waren immer laut, die Schritte auf dem mit Linoleum belegten Boden eher leise, aber die befehlenden Kommandos der Wärter wiederum lautstark, immer barsch und aufdringlich. Rufen sie zur Vernehmung, gar zum Tod? Wen? Mich oder einen anderen nebenan oder gegenüber?

Für jeden Häftling in diesen Zellen in diesen Monaten des Untergangs des Dritten Reiches gilt, dass alle ursprünglichen Seinsbezüge gekappt sind. Es gibt keine Erlebniswelten mehr. Die Gedanken laufen nur noch in sich selber. Die sinnende Entsagung an das Leben beginnt. Thomas Mann hat im *Zauberberg* gesagt: „Keine Uhr eilte mit messendem Rundlauf durch die Zeit."[12] Ein vormals weiter Arbeits-, Verwandten- und Freundeskreis, das gilt jetzt besonders für Moltke, ist ungegenwärtig, ja leblos geworden. Die Familie ist nicht da, das Gut Kreisau lebt ohne ihn, die preußisch-deutsche Geschichte, an deren Gestaltung seine Familie so entscheidend beteiligt war, ist allenfalls eine Erinnerung, die große schlesische Heimat zwischen dem Zobten und dem Eulengebirge nicht mehr sichtbar. Es ist der totale Wandel des Lebens, ein großes Gefälle des Seins. Es gibt kein mobiles Leben mehr, jede soziale Kontaktwilligkeit endet an der Zellenwand. Für einen 2,03 m großen Menschen sind alle Wände, auch die Tür und das Lukenfenster, von der Zellenmitte aus mit Händen zu greifen, mehr aber nicht. Natürlich, das darf nicht übersehen werden, war das Leben, treffender zu sagen, das auf den Tod hin Vegetieren, in den national-sozialistischen Konzentrationslagern noch viel schlimmer. In diesen Welten lebten die Häftlinge außerhalb jeder Zivilisation und Humanität.

In einer solchen hermetischen Enge und separierten Einöde verrichtet man wahrlich nicht den Tempeldienst der heiteren Muse, sondern erlebt genau das andere Ende des Daseins. Nur der ganz unbeteiligte und vor allen Dingen der von allen in so einer Zelle eingeschlossenen Gedanken und Empfindungen entlastete und freie Außenbetrachter möchte meinen, wenn er denn die notwendige Empathie aufbringen kann, dass an so einem Orte keine Konzentrationen, erst recht keine Seligkeiten erlebt und durchdekliniert werden können. Doch das Gegenteil ist hier, überraschenderweise, der Fall.

Moltke findet zwei Seligkeiten für sich, die ihm, wie er immer wieder betont, in dieser Tiefe noch nicht erfahrbar gewesen sind, zumindest nicht so stark empfindbar und in sein Bewusstsein eingedrungen und überzeugend aussprechbar gewesen sind: seine eheliche Liebe und der religiöse Glaube. Beide werden mit großem Ernst und letzter Hingabe gesucht, studiert, ständig memoriert, variiert, wie ungezwungen und natürlich gesagt, gelebt und überzeugend als sein tatsächliches, ihn erfüllendes inneres Erleben an seine Frau Freya brieflich weitergereicht. Überhaupt: „das große Glück des Schreibens“, wie Freya ihrem Mann am 28. November sagte, macht den Unterschied zu vielen Mithäftlingen aus.

Hier, in der Todeszelle in Tegel, wo jeden Zwangsinsassen die Verzweiflung und Leere anfallen kann (und oft auch anfallen muss), wo oft genug der Aufschrei der Menschlichkeit zu hören war und ist, findet Moltke Sicherheit und Fülle. Da, wo es eigentlich kein Gefühl für das Leben mehr geben kann, findet er seine ihn bewahrende, rettende Lebensmitte, nicht allein, sondern im täglichen Dialog mit Freya, seiner anderen, ihm im wahrsten Sinne des Wortes kongenialen Lebenshälfte. Er findet in seinen auf das Äußerste reduzierten existentiellen Augenblicken, Tagen und Nächten, in 117 Tagen in etwas mehr als drei Monaten einen nahezu paulinisch-johanneisch sicheren Zugang zum Glauben und einen platonisch-philosophischen zur Liebe. Das alles bildete er sich nicht in süchtiger Selbsthilfe ein, sondern erwarb es mit einem tiefgründigen Wahrheits- und Sicherheitsbedürfnis, unsentimental und absolut festen Geistes, aber – natürlich – tieftraurigen Sinnes. Aus tiefsten Lebensreserven hielt er die Spannung des Körpers und mehr noch die des Geistes aufrecht.

Moltke war nicht eigentlich ein intellektueller Mensch, aber er war auch kein Märtyrer oder Mystiker. Er war ein kraftvoll und gerade denkender Landedelmann und Jurist, ein Realist in seinem Beruf mit universitärer Bildung und politischem Kalkül. Das kam in der Zelle besonders dann zum Tragen, wenn sich – periodisch – seine Hoffnung auf eine Eingriffsmöglichkeit in das gnadenlos vorhergezeichnete Prozessgeschehen abzuzeichnen schien. Dann war ein Gnadengesuch zu formulieren. Es durfte kein Plädoyer für seine Unschuld sein, denn im Sinne des nationalsozialistischen Systems hatte er sich ja durch die Kreisauer Gespräche und die Warnung an Kiep schuldig gemacht. Das Gesuch musste systemimmanent gedacht werden, sonst würde es nicht einmal gelesen, oder gleich verworfen. Es musste auch das Dritte Reich rettende und über dessen für jeden Beteiligten klar erkennbares Ende hinausgreifende Gedanken und Inhalte unterbreiten. Es durfte auch mit dem Namen und der in ihm angesprochenen Tradition, dem Renommee des Namens Moltke umgehen, nicht zu demonstrativ, aber doch erkennbar. Schließlich wusste jeder offizielle Leser eines Moltke-Gnadengesuchs, dass nicht mit ihm selbst, dem entblößten politischen und juristischen Verbrecher, Deutschland eine Zukunft haben könnte.

Doch jeder Versuch, das ahnte auch Moltke, musste zerschellen. Ihm folgte dann eine geistige und nervliche Erschlaffung. Aus ihr durfte allerdings keine Depression entstehen. Moltke musste die Gedankenwelt der möglichen Rettung auf dem Gnadenwege oder durch den für ihn günstigen Fortgang des Krieges, d. h. die schnelle militärische Niederlage Deutschlands, wieder an die Seite räumen und die Themen Glaube und Liebe neu befruchten. Eine Aura war in der Zelle nicht zu erleben, gar zu gewinnen, eine Öffentlichkeit nicht zu erreichen. Im Gegenteil, alles war nur auf die Annäherung an den singulären, seinen Tod in stiller Einsamkeit ausgerichtet. Man kann den Moltke-Briefen natürlich keine Kommentare zur Zeit, keine Meinungen und Deutungen, keine Außenansichten entnehmen. Nur in dem Abschiedsbrief an seine Söhne (11. Okt.) und dann im Prozess vor Freisler klingen politische Bekenntnisse durch. Moltke war nie todsterbenskrank. Aber er sah sein Leben als erfüllt an. Er unterlag nicht der seelischen Schwäche; er wollte die Verantwortung für sein Leben und sein Lebensprogramm nie aufgeben oder gar leugnen. Er starb, dieses Wort seiner Frau hat er angenommen, als reicher Mann.

In seinem Gedicht „Ich bin der Welt abhanden gekommen“, 1821 geschrieben, sagt Friedrich Rückert in der abschließenden dritten Strophe:

„Ich bin gestorben dem Weltgetümmel,
Und ruh' in einem stillen Gebiet!
Ich leb' allein in meinem Himmel,
In meinem Lieben, in meinem Lied.“

Die Vertonung von Gustav Mahler lässt gerade in der Interpretation der tschechischen Mezzosopranistin Magdalena Kožená unter der Leitung des Italieners Claudio Abbado die Melancholie, mit der auch die letzten Lebensmonate Helmuth J. von Moltkes zu verstehen sind, besonders einfühlsam zum Ausdruck kommen. Das Englisch Horn begleitet die Sängerin, eine großartige Instrumentalidee Mahlers, in idealem Klang. Die zuweilen sentimental klingende Weltschmerzlichkeit Mahlers muss man dabei allerdings akzeptieren.

2. Kapitel

„Du bist mein Korinther 13“ Christlicher Glaube und eheliche Liebe

Einmal durch die niedrige (1,75 m hohe) und damit den Häftling Moltke (2,03 m groß) erniedrigende Tür der Zelle in Tegel getreten, ließ sich kein Pakt mehr mit dem Leben schließen. Keine Lebensträume ließen sich noch weiter verfolgen, auch keine Vergangenheiten als stärkende Erinnerungen beschwören. Es blieb nur die Gewissheit des schnell nahenden Todes, des erbarmungslosen und erbärmlichen Erhängens. Eine andere Zukunft gab es nicht mehr.

Doch etwas baute sich dagegen auf, entfaltete und weitete sich: der Gewinn des christlichen Glaubens und die sich vertiefende Gewissheit der ehelichen Liebe. Wir wissen davon. Denn das Ehepaar Moltke ließ ein Opus Metaphysicum entstehen, nicht literarisch hochwertig, nicht schriftstellerisch glänzend, ohne große Textgestaltung, aber angefüllt mit Gedanken und Worten, die beim Lesen haften bleiben. „... es ist ohne Frage eine Gnade, so bewusst sterben und so bewusst Abschied nehmen zu können.“ Freya schrieb dies ihrem Mann am 26. Oktober 1944. Wenn er dann antwortete, „Es ist aber so, dass dies Leben zwischen Tod und Leben eben anstrengend ist“ (28. Okt.), so finden wir in diesem kleinen Dialog bereits alles gesagt. Doch gehen wir den Weg in seiner ganzen Länge.

Es war eher ein Zufall, dass die Eheleute Moltke sich sahen, als Helmuth am frühen Nachmittag des 28. September 1944 auf dem kleinen Innenhof des Tegeler Gefängnisses, gleich hinter dem Eingangstor, aus dem Transportwagen ausstieg und – für ihn unvermutet – für Sekunden seine Frau dort stehen sah. „Mein Lieber, wie schön war es, Dich gestern richtig gesehen zu haben“, so schrieb Freya ihm einen Tag später, „denn ich sah gleich, wie es in Dir aussieht, schon als Du mich noch nicht entdeckt hattest, was ja schnell genug ging … und als wir uns ansahen, wussten wir um alles.“

Um vieles wusste Freya von Moltke in diesem Augenblick nicht, ob sie „mit und ohne Kreisau, mit und ohne Geld, mit und ohne Kommunismus zukünftig leben“ werde. Doch heimatliche, wirtschaftliche oder gar politische Fragen waren jetzt ganz unwichtig. „Das wird sich alles finden.“ Wichtig waren die Söhnchen Helmuth Caspar, der ältere, geb. im November 1937, und Konrad, der jüngere, geb. im September 1941. Und allen voran Helmuth. „Dein Leben erscheint mir schön und vollendet. Du stirbst für etwas, für das es sich zu sterben lohnt.“ Das schrieb sie als Kernsatz dieses ersten Briefes in die Zelle von Tegel, am Schreibtisch in der Wohnung des Boten sitzend, des Tegeler Gefängnispfarrers Harald Poelchau. Und sie schrieb den Brief „in Frieden, unter Glück, Dankbarkeit und Tränen“. Damit hatte sie Gedanken, Gefühle und Worte gefunden, die sie ab jetzt bis zu ihrem letzten Brief vom Mittag des 23. Januar 1945, Helmuths Hinrichtungstag, in vielen Variationen, aber mit nicht erlahmender Intensität nahezu täglich wiederholen wird.

Helmuth schrieb seinen ersten Tegeler Brief an seine Frau am 30. September 1944, behindert, denn: „Wir werden jetzt Tag und Nacht gefesselt und dadurch ist das Schreiben sehr schwierig.“ Auch er griff die gänzlich unerwartete Begegnung im Gefängnishof auf: „Ich war so glücklich, Dich einige Sekündchen zu sehen.“ So weit war nach 15 Jahren der Gemeinschaft das eheliche Leben reduziert worden, auf wenige Sekunden. Aber diese Zeitdauer spielte nicht eine so große Rolle. Beide waren innerlich beieinander und miteinander. Das belegt auch Helmuth bis zu seinem letzten Brief, den er am Morgen seines Hinrichtungstages an seine

Frau richtete. „Irdische Fragen“, soweit sie nicht dem „Kampf um meinen Kopf“ gelten, habe er abgelegt. Diesem Kampf werden vom Oktober an noch viele Gedanken und Handlungsvorschläge dienen, die er in diesem ersten Tegeler Brief und später in manchen Variationen Freya vortrug. Das Wichtigste war ihm aber, zu betonen, dass seine „Seelenlage ganz gesichert erscheint“. Noch entschiedener klang der folgende Satz: „Ich weiß ganz genau, wo ich fest verankert bin: über mir und neben mir (ist Gott), alles andere ist mir, so glaube und hoffe ich, in diesen Wochen (sc. im KL Ravensbrück) ganz wurscht geworden.“

Die Sicherheit seiner Seelenlage entnahm Moltke der Bibel und dem Gesangbuch. Er hatte seiner Frau eine (nicht erhaltene) Liste von Bibelstellen durch Poelchau übermitteln können, die die Kernaussagen über seinen Glauben enthielten. Eine hob er jetzt hervor, „den Schluss der ersten Römerstelle auf dem Zettel“. Die Sicherheit seiner Haltung und später wiederholte Zitationen legen es dem Leser dieser Briefstelle nahe, an Röm. 14, 7–9 zu denken und dort an den Kernsatz in V. 8: „Leben wir, so leben wir dem Herrn; sterben wir, so sterben wir dem Herrn. Darum wir leben oder sterben, so sind wir des Herrn.“ Er wollte seine daraus erwachsende Zuversicht gern auf seine Frau übertragen und schrieb ihr im selben Brief: „… über eines musst Du Dir ganz sicher sein: Wenn der Herr mich bewahren will, so wird er mich bewahren, wie hoffnungslos die Lage auch aussehen mag, will er mich zu sich rufen, so ist es letzten Endes gleichgültig, ob das auf dem elaboraten Weg über Herrn Freisler geschieht oder auf direkte Weise, es wird dann eben geschehen.“

Diese Bibelstelle, Römer 14, 8, sagt jenes Wort, durch das sich die Eheleute offensichtlich am tiefsten verbunden fühlen. Es ist die herausragende Troststelle der Bibel, vergleichbar mit dem Psalm 31 und dort besonders dem Vers 6. Die neutestamentliche Stelle kommt häufiger in den Moltke-Briefen vor, z. B. am 17. Oktober, markant abgesetzt am Schluss des Briefes, am 28. Oktober, oder, sehr gewichtig, am Ende des Briefes vom 13. Dezember. Hier schrieb Helmuth noch diesen hoffnungsvoll fragenden Kommentar hinzu: „Werden wir noch zu der Größe aufwachsen, dass wir diesen Formeln neue von gleicher ewiger Gültigkeit werden anfügen können?“ Für das Verständnis ihrer Bibelfrömmigkeit ist das wohl die stärkste Aussage. Sie begreift den Lebensaugenblick Moltkes, seine gewünschte Stärke und Zuversicht in seinen Leiden als prüfende Gelegenheit „von gleicher ewiger Gültigkeit“. Er muss jetzt, bei aller Anfechtung, Zeugnis ablegen. Er will jetzt sein Leben in Gottes Hand geben, ohne darauf zu spekulieren, wie es ausgeht. Er will den Glauben mit seinem Leben, besser mit dem zu erwartenden Tod verzahnen.

Erst der zweite Brief aus Tegel wird sein großer Abschiedsbrief. Moltke löste sich von Überlegungen zur Verteidigungsstrategie und auch von solchen, die der Sorge um das Weiterleben seiner Familie galten. Wie Freya schon durch ihre Anrede im ersten Brief ihrem Mann ihre innige Liebe zu verstehen gegeben hatte – „Mein Jäm, mein Herz, mein Wirt, mein Liebster“ –, so auch umgekehrt Helmuth jetzt seiner Frau: „Mein liebes Herz, mein Pim, mein Kleiner“. Die Addition will natürlich die Vertiefung des eigentlich nicht Sagbaren bewirken. Man denke zum Vergleich noch einmal an Sophokles, an die Anrede Antigones, die sie gleich im Prolog der gleichnamigen Tragödie an ihre Schwester Ismene richtet: „Gemeinsames, geschwisterliches, o Ismenes Haupt“; es sind vier ganz persönlich verbindende Anreden. Das ist bei dem Athener Dichter Sophokles eine Rarität, die sich nur aus dem Kontext erklären lässt. Es ging um den höchstmöglichen Ausdruck der Gemeinsamkeit. Helmuth von Moltke wollte sich ähnlich verdichtend ausdrücken. Nach der Anrede ging er gleich auf den Inhalt ein: „Dein Brief war eine Stärkung und Erquickung sondergleichen.“ Vor allem anderen war dieses

Empfinden jetzt entscheidend, denn auch er wusste es: „Ja, mein Herz, unser Leben ist zu Ende." Er intensivierte noch einmal die bewusste Verbundenheit mit seiner Frau: „Mit Dir, mein Herz, bin ich sehr viel fester, tiefer und dauerhafter verbunden, als ich es je geträumt habe."

Man ist versucht, an das britische Sprichwort zu denken: „Das Letzte und Innerste des Menschentums offenbart man unmittelbar vor dem Galgen." Es ließe sich auch an Paulo Coelho[13] denken: „Gewöhnlich macht einen der bevorstehende Tod empfindlicher für das Leben." Moltke sagte es im Brief vom 6. Dezember ähnlich: „Dieses Leben auf kurzfristige Prolongation ist etwas sehr merkwürdiges: beängstigend und intensivierend." Dieser letzten und innersten Empfindsamkeit ist er sich in den vergangenen acht Monaten – seit seiner Verhaftung am 19. Januar 1944 – bewusster geworden. „Wir sind wohl beide etwas andere Menschen geworden ...; ich habe das Band zu Dir in den tiefsten Tiefen und in den höchsten Höhen entdeckt." Aber in den Tiefen und in den Höhen hat er auch den christlichen Glauben erfahren: „Der Herr ruft einen anderen Menschen zu sich als den, dem er am 19. Januar eine Prüfung auferlegte." Er ist ein im christlichen Glauben und in der ehelichen Liebe verändert, d. h. er ist ein bewusster und tiefer empfindender Mensch geworden.

Dicht verknüpfen sich hier diese beiden bestimmenden Haltungen, der christliche Glaube an Gott und die Liebe zu seiner Frau. Moltke fand dafür diese zusammenfassenden Worte: „Wie meine letzte Bitte um Seine Gnade sein wird, so wird meine vorletzte für Dich sein, und ich bin gewiss, dass er sie erhören wird." Er war sich bei diesen Zeilen der Möglichkeit, sogar der Wahrscheinlichkeit bewusst, hier ein, nein das Schlusswort seines Lebens gesprochen zu haben, denn er sagte in unmittelbarem Anschluss an den Hinweis auf seine beiden letzten Bitten vor dem Tod: „Ob ich Dir noch einmal schreiben kann, weiß ich nicht."

Mit den drei vorgestellten Abschiedsbriefen ist eigentlich alles gesagt worden. Beide Ehepartner konnten nicht von einer langen Berliner Haftdauer Moltkes ausgehen, auch nicht von den Möglichkeiten und dem ungebrochenen Mut des Gefängnispfarrers Poelchau, ihre Briefe gegen alle Vorschriften immer wieder durch die Kontrollen in die kleine Zelle im 4. Stock des Gefängnisses hinein- und wieder herauszutragen. Aber dies passierte von jetzt ab über 15 Wochen. Moltke schrieb dazu seiner Frau am 6./7. Dezember, darüber selbst verwundert: „Ist es nicht ein großes Wunder, dass 3 bis 4 Mal die Woche, wohl noch öfter, P.s Schlüssel in meiner Tür klirrt?"

Was schrieben beide in diesen 15 Wochen noch, wo doch von ihnen in den drei ersten Tagen der Tegeler Haft schon alles gesagt war? Was ließ sich in den nachfolgenden über 200 Briefen noch sagen? Nichts bewegend Neues, das ist wohl wahr, aber doch mehr als nur Variationen des schon Gesagten. Helmuth wollte und musste aus der 5 qm kleinen Enge seiner mit dicken Mauern, einer winzigen Fensterluke und einer fest verschlossenen Tür ihn einkerkernden Zelle hinausfinden, gedanklich und gefühlsmäßig. Dazu bedurfte es nur zu einem Teil vermittelbarer geistiger und seelischer Kräfte, der Liebe, die Freya mit ihm teilte. Es bedurfte auch des Glaubens, den er sich selbst erarbeitete. Er lebte und erlebte den Glauben nicht aus dem – erleichternden – Ritus, sondern allein aus dem überlieferten Wort. Das tat er mit großer Intensität und Konsequenz. Er wollte aus seiner ausweglosen Lebensnot herauskommen und in ihr einen Sinn finden. Moltke war keineswegs lebensmüde. Er hatte bisher viel erlebt, Großes und Wichtiges. Er bekannte seiner Frau im Brief vom 1. Oktober, dass das ausreichen könnte als Erfüllung seines Lebens: „Ich fühle, dass ich in diesem Leben so Vieles gehabt habe, dass ich keine Ansprüche mehr habe." Aber er sah sich keineswegs lebenssatt, denn in dem angesprochenen Brief fuhr er unmittelbar so fort:

„… ich fühle mich aber nicht so, als wäre ich die Ernte, die nach dem Schnitter ruft.“ Er war nicht vom Abrieb des Lebens gezeichnet, sondern er war blutvoll, er stand nicht am Abgrund.

Dieser Zwiespalt zwang ihn zur Suche nach dem festigenden und beruhigenden Glauben an den Willen und die Führung Gottes. Der christliche Glaube und die eheliche Liebe gaben ihm die Kräfte, den Todesweg eines nationalsozialistischen Häftlings seines Formates, also eines geistigen Widerstandskämpfers, der er seit 1941 geworden war, gehen zu können und dabei die Spannkräfte seiner Seele und dafür die Spannweite seines Geistes sowie die Selbstdisziplin seines Charakters einsetzen zu können. Helmuth Graf von Moltke studierte und las mit großem Ernst die Bibel, immer wieder und ganz systematisch. Er entwickelte genaue Tages-Lesepläne und wünschte sich, dass seine Frau die angegebenen Teile parallel mit ihm läse, damit beide auf diese Weise in ihren Briefen darüber ihre Meinungen austauschen könnten. Freya versuchte durchaus mitzuhalten. Aber das Pensum war für sie zu groß. Sie war zeitlich und wohl auch gedanklich überfordert. Die Glaubensgewissheit ihres Mannes gewann sie nicht. Sie war auch dem realen Leben, seinen Aufgaben und ihrer Zukunft viel zugewandter, notwendigerweise. Dennoch war sie auch in religiösen Fragen die unbedingte Partnerin ihres Mannes. Sie war seine Lebensnavigatorin, seine Zeugin, die ihn begleitete, die ihm zuhörte, die ihn nicht befragte, sondern bestätigte.

Moltkes Lesepläne umfassten die ganze Bibel, das AT und das NT. Er gewann ein klares Urteilsvermögen. Er liebte den Tag rhythmisierende Wiederholungen seiner Lektüren. Er sprach dabei laut, sang und pfiff Kirchenlieder. Ein Lieblingslied, mehrfach erwähnt, war „Wir pflügen und wir streuen den Samen auf das Land, doch Wachstum und Gedeihen steht in des Himmels Hand.“ In dem alten schlesischen Gesangbuch, das ihm Poelchau, ebenfalls ein Schlesier, bei der Überstellung nach Tegel gegeben hatte, war es die Nr. 573. Der Text sprach die bäuerliche Lebenswelt unmittelbar an. Moltke gab es als Empfehlung an seine Söhne (7. Nov.) weiter und verwies eigens auf den zweiten Vers, wo es vom Getreideanbau und dem dadurch gewonnenen Brot heißt: „Es geht durch unsere Hände, kommt aber her von Gott.“ Der Text dieses Kirchenliedes, das zu wissen war dem auch für Poesie zugänglichen Moltke wichtig, stammt von Matthias Claudius (1783).

Auch ein zweites Lied mit einem Text von Claudius wird häufig erwähnt: „Der Mond ist aufgegangen…“ Hier lag Moltke aber nur an den Versen 4 und 5. Besonders Vers 5 war ihm wichtig: „Gott, lass dein Heil uns schauen, auf nichts Vergänglichs trauen, nicht Eitelkeit uns freun; lass uns einfältig werden und vor dir hier auf Erden wie Kinder fromm und fröhlich sein.“ Natürlich offenbart diese Liedwahl auch die Sentimentalität, der sich Moltke hingab. Aber mitunter ließ sich auch in der Schlichtheit die Summe seiner Gedanken aussprechen, zumal sich dieses Abendlied mit der Melodie von Peter Schulz gut singen lässt.

Es wirkte mitunter akademisch, wenn Moltke von dem Lesen im NT sprach. Das tat er wiederholt, so z. B. im Brief vom 9./10. Dez. in sehr ausgeprägter Weise. Er las die Evangelien bis hin zur Apostelgeschichte in genau festgelegten Sequenzen und ständig wiederholend. Es folgte der Rat an Freya: „Notiere Dir das in Deine Bibel…, damit wir wenigstens gleichlaufen, solange ich lebe.“ Am engsten fesselte ihn, wie könnte es anders sein, das Johannes-Evangelium. Es gehöre, so lesen wir in dem genannten Brief, „für mich ganz gewiss in die Spitzengruppe“.

Und was ist das Ergebnis der Bibellektüre? Moltke hatte in seiner kleinen Zelle keine Lebensträume mehr, sondern nur noch die Todesgewissheit. Er ging den Weg in den Tod nicht wie ein Schauspieler, der sich danach den Zuschauern zum Applaus stellt, sondern er vollzog ihn. Seine Zuversicht suchte er auszuhalten durch eine ständige, an die Worte, ja auch die Buchstaben der Bibel gekettete Meditation. Es war eine Hingabe an die Verheißung der Heiligen Schrift in der gefesselten Konzentration auf das Ende des Lebens. Ihm blieben nur – und er nutzte sie intensiv, konzentriert, ergeben und verlangend – die Lektüre und der Kommentar, nur das Mysterium tremendum der Mimesis im Blick auf die häufig schon in Ravensbrück studierte Auferstehungstheologie. Alles andere war eine sekundäre Welt, für die er keine Zeit, keine Gelegenheit, zu der er keinen Bezug mehr hatte. Er wollte nicht als ängstlicher Pessimist sterben, sondern als ein in der Gewissheit des Vertrauens auf die Verheißung der Bibel lebender hoffnungsvoller Mensch. Um dieses Vertrauen rang er täglich. Er wollte einen Sinn in seinem so frühen Tod sehen. Deswegen bekannte er sich zur göttlichen Sicht des Augenblicks: Ich, Dein Gott, habe nichts Irdisches mehr mit Dir vor. Dein Leben ist auf Erden vollendet. Du kommst zu mir. Das wollte Moltke glauben, weil dieser Glaube ihn seinen vorzeitigen und gewaltsamen Tod verstehen und annehmen ließ.

Er erwartete das Todesurteil, diesen „hohen Preis" für sein eigenständiges Denken, wie er Freya am 8. Okt. schrieb, „mit einer Wahrscheinlichkeit von 99%". Aber dafür hatte er, zusammen mit seiner Frau, eine große Lebensgabe geschenkt bekommen. „Es sind ganz große Gaben und für die ist dieser Preis billig... Denn wir haben dann um den Preis der Zeitlichkeit einen Anteil an den ewigen Gütern erlangt." Und den würden sie beide nahezu gleichzeitig erlangen. Denn – und hier, in diesem Oktoberbrief, nahm Moltke einmal, selten genug, die Philosophie hinzu – die Ewigkeit werde ohne Zeit und Raum sein, „so dass wir, banal ausgedrückt, vielleicht ‚gleichzeitig' drüben ankommen, auch wenn Du noch 60 Jahre lebst und ich trotzdem auf Dich nicht zu warten brauche." Moltke wollte sein Leben in einen größeren Zusammenhang von Leben eingeordnet wissen. Deswegen darf das irdische vor der Zeit enden, das macht nichts. Es gibt ein unzerstörbares, höheres Leben.

Solche Gedanken über ein Jenseits, der platonischen Philosophie, Kant (in dessen *Kritik der reinen Vernunft* er sie im KL Ravensbrück gelesen hatte) oder auch der modernen Physik (Einstein) entnommen, sind in Moltkes Briefen selten. Er stützte sie mit biblischen Aussagen und gab seiner Frau in diesem wichtigen Oktoberbrief auch Psalm 90, 4 („Denn tausend Jahre sind vor Dir wie der Tag, der gestern vergangen ist, und wie eine Nachtwache.“) sowie Johannes 1, 15 und 8, 58 dazu an: „Jesus sprach zu ihnen (sc. den ungläubigen Juden): Wahrlich wahrlich ich sage euch: „Ehe denn Abraham ward, bin ich.“ Wer nur in Raum und Zeit zu denken vermöge, begriffe das nicht. Allerdings weiß auch Moltke, dass „positive Gedanken über die Unsterblichkeit … nicht möglich“ seien. Das Problem ist seit Sokrates bekannt und erkenntnistheoretisch nicht gelöst, nicht lösbar.

Aber es ging nicht um die Philosophie. Moltkes Gedanken waren auf den Kern des christlichen Glaubens gerichtet. An ihm hielt er sich fest, den suchte er quer durch die Bibel zu festigen. Gerade diese häufigen Querverweise sind erstaunlich. Hier sprach ein konzentrierter, ständiger, ja geradezu besessener Leser. Das bestätigt und begründet immer wieder seine intensive Lektüre. Interessant ist natürlich auch, wie er in diesem Brief das Alter seiner Frau – in einer rhetorischen Aussage natürlich – vorausbedachte: Es könnten 60 Jahre sein; sie würden sich im Jenseits dennoch gleichzeitig wiedersehen. Er hatte Freyas tatsächliche irdische Zukunft nur um wenige Jahre verfehlt, denn es wurden noch 66 Jahre, bis sie 2010 starb, im Alter von 99 Jahren.

Die gedrängten und etwas summarisch vorgetragenen religiösen Gedanken Moltkes im Oktober 1944 erklären sich aus seiner Gewissheit, jeden Tag mit dem Prozess und damit auch dem unmittelbar folgenden Tod rechnen zu müssen. Er lebte, ihm selbst sehr bewusst, nur mit „kurzfristigen Prolongationen des Lebens“ (10. Okt.). Aus dieser ihm gewissen Drohung erklärt sich auch, dass er seinen berühmt gewordenen Brief an seine beiden Söhne Caspar und Konrad schon bald schrieb, nämlich am 11. Oktober, zwei Wochen nach seiner Überstellung nach Tegel. Der einleitende Satz sagt das so: „Da ich in wenigen Tagen wahrscheinlich nicht mehr leben werde ...“ Nicht kindgemäß, sondern ernsthaft und wie zu erwachsenen Menschen gesprochen, benannte er ihnen den Kern seines Glaubens: „Ich will Euch nur sagen, daß ich in der Gewissheit sterbe, dass ich durch Jesum Christum zu Gott eingehen werde und dass in Seiner Liebe wir vier, Reyali (sc. Freya), Ihr beide und ich, immer vereint sein werden.“ Moltke ist ehrlich, offen und nicht bigott, wenn er auch für seine Söhne hinzufügte: „... niemand kann wissen, wie und deswegen kann man danach auch nicht fragen ... es ist eine Gnade, es zu wissen.“ Soweit der Brief an die Söhne. Er wird im Kapitel über den Prozess noch einmal heranzuziehen sein.

Freya las durchaus mit einer gewissen Regelmäßigkeit in der Bibel mit. Auch sie fand dabei eine Summenstelle, die sie ihrem Mann am 12. Oktober schrieb: Weisheit 3, 1–6 mit dem berühmten Anfang: „Aber der Gerechten Seelen sind in Gottes Hand und keine Qual rühret sie an...“ Und ergänzend verwies sie ihn, seinen frühen Tod auch selbst vor Augen, auf Weisheit 4, 7–14, wo es am Schluss heißt, dass Klugheit und ein unbeflecktes Leben „das rechte Alter“ bestimmen: „Denn seine Seele gefällt Gott, darum eilt er mit ihm aus dem Leben.“ Einen Tag später, am 13. Oktober, zog sie mit ihren eigenen Worten noch einmal die Summe des Lebens ihres Mannes so: „Viel kann das Schicksal Dir nicht mehr anhaben, ich glaube, du bist wirklich geborgen.“

Diese Geborgenheit in Glaube und Liebe wurde jetzt stetig wiederholt, variiert und beständig gehalten. Je unverhoffter der Prozesstermin sich hinauszögerte, desto größer und dauerhafter waren die Möglichkeiten, neue Aussagen für immer dasselbe zu finden. Das Schmerzhafte, aber auch das Großartige, das Einmalige und das Bleibende des Augenblicks, der Tage und Wochen, dann der Monate, wurde Moltke bewusst. Nicht ohne Emphase, erstaunt und gewiss, gelassen und vibrierend zugleich, sagte er seiner Frau am 14. Oktober: „Mein liebes Herz, welch' eine Zeit!" Das immer wiederkehrende Schwanken zwischen der 99-prozentigen Todesgewissheit und der 1-prozentigen Überlebenshoffnung trieb zu immer wieder neuen Resümees, am 17. Oktober zu diesem: „Nun auf Wiedersehen, mein allerliebstes Herz, mein Pim, meine zärtliche, freundliche, liebste Wirtin. Auf Wiedersehen, hier oder dort. Beten wir zum Herrn, dass Er mich durch ein Wunder errette, glauben wir, dass Er das will und daher auch kann, aber beugen wir uns unter Seinen Willen, wenn er es anders beschlossen hat, und seien wir überzeugt, dass Er es für unser Heil so beschlossen hat, auch wenn wir es nicht verstehen." Freya antwortete darauf mit zwei Aussagen, einmal in mütterlicher Weise: „Dich will ich immer tragen und nie gebären" (17./18. Okt.) und unmittelbar im Anklang an die platonische Kugelphilosophie: „Du brauchst mich, und ich brauche dich, um ein ganzer Mensch zu werden."(18. Okt.)

Gegen Ende Oktober konnte sich Moltke etwas aus der drohenden Aktualität des Prozesses hinauswinden. Das gab ihm die Chance, die Bibel weiträumiger zu verstehen und noch systematischer zu lesen. Er tat das ohne eine theologische Unterweisung, ohne ein Studium. Ob und wie Harald Poelchau dabei auf ihn eingewirkt hat durch gelegentlich mögliche Zellengespräche, ist nicht bekannt. Das Ergebnis seines eremitenhaften Selbststudiums darf aber als überzeugend gelten. Wenn Moltke das Johannes-Evangelium besonders heraushob, ist das für seine Intellektualität und auch seine Situation einsichtig. Er sprach von der für sein Gefühl „überlegenen Schönheit" dieses Evangeliums und verstand es als das einzige Buch in der Bibel, „aus dem man Sinn, Bedeutung, Stellung und Kraft des Heiligen Geistes zu verstehen vermag“. Auch kann das Bekenntnis nicht überraschen: „Hiob und Psalmen sind mir doch sehr ans Herz gewachsen.“ Mit Hiob konnte er sich vergleichen, vielleicht sogar identifizieren, mit ihm sein Durchhaltevermögen stärken. Die Psalmen 90 – „Herr, Gott, du bist unsere Zuflucht für und für“ – und 91 – „Wer unter dem Schirm des Höchsten sitzt“ – standen ihm, verständlicherweise, „am nächsten“. Das galt auch und trotz der an dieser Bibelstelle sich ausdrückenden antiken, d. h. solonischen (Heptomadengedicht) und jüdischen Überzeugung: „Unser Leben währet siebzig Jahre.“ Denn nur wenige Verse weiter steht ja in Ps. 90 (Vers 12): „Lehre uns bedenken, dass wir sterben müssen, auf dass wir klug werden.“ Um diese religiöse Klugheit bemühte sich der gerade 38 Jahre alte Moltke mit ganzer Konzentration und in Permanenz.

Dem 1. Absatz („Über das Verhältnis der verschiedenen Teile der Bibel zueinander“) seines großen theologisch-bibelexegetischen Briefes vom 21. Oktober 1944 fügte er einen 2. hinzu: „Über unsere Welt und das ‚Jenseits‘“. Hier wiederholte und systematisierte Moltke seine schon vorher aufgezeigten Gedanken über Diesseits und Jenseits, über das irdische „Koordinatensystem Raum und Zeit“ und das jenseitige, das mit dem „Jüngsten Tag“ beginne. Was sich durch alle religiösen Aussagen und Argumentationen zieht, steht auch an dieser Stelle. Den „Jüngsten Tag“ könne man nicht wirklich verstehen. Er liege überhaupt außerhalb menschlicher Verstandesmöglichkeiten und könne „daher von uns nicht begriffen werden“.

Natürlich, so möchte man sagen, wies Moltke der Bergpredigt einen eigenen Absatz (den 3. seiner großen Bibelanalyse) zu, ebenso auch Paulus und Johannes einen 4. Es bleibt und ist auch hier überzeugend, zu welch klaren Verständnissen er in seinem einem Eremiten und Märtyrer gleichen Leben kam. Er erkannte bei Paulus, was die theologische Forschung in vielen Büchern ausbreitet: „Die Schönheit von Paulus liegt im Gedanken, in der Gediegenheit und Eindringlichkeit, nicht in der Empfindung." Die „Tiefgründigkeit" der „Theologie des Paulus" erfasste er sehr sicher, ebenso aber auch die ganz andere Schönheit der Johannes-Texte: „Der lebt in den großen Geheimnissen, die man nicht erklärt, die man nicht katalogisiert, nicht zu erklären versucht, sondern die man anschaut und erfühlt." So wird es wohl jeder Exeget heute auch sagen können. Man muss den Weg des Glaubens ohne sicheres Wissen gehen; dem Glauben hängt das Mystische und das Unscharfe an, er fordert den Zweifel immer wieder heraus. Auch das waren Moltkes Gewissheiten.

Er hatte völlig recht, dass nicht die Vernunft die Johannes-Texte verstehbar werden lässt, sondern der Glaube sie übernimmt. „Man kann über einen Satz wie den ‚Und das Wort ward Fleisch...' nicht nachdenken. Man weiß oder weiß nicht, was es bedeutet." So ist es wohl nicht. Aber es bedarf einer umfangreichen philosophischen Argumentation aus dem Geist der damaligen Zeit heraus, um dieses Wort verstehbar werden zu lassen. Das ist der heraklitische Sprung in der Philosophie („Der Logos ist der Ursprung des Seins."), den jüdische Propheten mitvollzogen und den der Evangelist Johannes religiös vollendete. Moltkes gab sein durchaus schwankendes Vermögen zu: „Mir geht es auch so, dass ich das an einem Tag mit ungeheurer Intensität weiß, an einem anderen Tag mir das mühsam rekonstruieren muss." Johannes kam ihm aber als der Evangelist vor, der er auch in der gegenwärtigen Theologie bleibt, als „der größte Künder derjenigen Dinge, die überhaupt nicht begriffen werden können". Oder in einer gegenüberstellenden Zusammenfassung sagte er es abschließend so: „Es ist eben bei Johannes Offenbarung und bei Paulus Theologie."

Moltkes Urteil über die anderen Evangelien war einsichtig. Aus Markus zog er „nicht die geringste Erbauung". „Es fehlt der

Geist des Joh.-Ev.“ Matthäus schrieb er eine „Schönheit“ zu, an Lukas gefiel ihm „der Geschichtenreichtum“. Das war und bleibt – für ihn und andere – biblische Unterhaltung des religiösen Erzählers Lukas.

Moltke wird in keinem seiner noch nachfolgenden über 100 Briefe diese belehrende und zugleich betäubende Wucht seiner theologischen Erkenntnisse und Glaubenswünsche so wiederholen oder gar steigern können. Es folgen Modifikationen, das wohl, immer wiederholte Bekenntnisse, Wünsche an die Glaubenssicherheit, auch Zurückweisungen von Einwänden der Vernunft, der Anfechtungen und dagegen aufgerufene beschwörende Gewissheiten. Es ließe sich auch wohl nicht mehr über den Glauben sagen als dieses: Leidenschaft und Demut, Hoffnung und Ergebenheit. Es bleibt ein Ringen und wird niemals ein sicheres Wissen. Dabei muss man auch immer wieder daran denken, wie Moltke diese seine Tage in der Zelle rhythmisierende und sein Leben beruhigend füllende Text- und Denkarbeit leistete. Poelchau hat ihn dabei gesehen und es Freya erzählt. Sie schrieb es ihrem Mann zurück: „Ich sehe Dich, mein Guter, auf Deinem Tisch in Deine Decke eingehüllt sitzen.“ Sie hätte noch ergänzen können, dass Helmuth seine Füße dabei, wie er selbst gelegentlich schrieb, auf dem Stuhl abstützte. Es war Spätherbst und bald Winter. Die Zellen wurden nicht beheizt. Und auf den Gängen des Gefängnisses hallten immer wieder die Rufe und Kommandos der Wärter, die klirrenden und knackenden Schlüssel- und die knallenden Türgeräusche. Das Leben war voller Intensität und Erschrecken, von Konzentration und Ablenkung, von Hingabe und Erschöpfung geprägt, dabei ständig von Angst und Hoffnung zerwühlt.

„Vor Dir steht der Tod“, sagte ihm Freya am 26. Oktober, „vor mir das einsame Leben.“ Der Glaube sollte diese Extreme verbindbar machen „und die starke Liebe, das ist unsere Kunst“. Auch seine Frau musste diese Kunst aufbringen. Tröstlich konnte für ihren Mann sein, dass jetzt, Ende Oktober 1944, also in einer für seine schlesische Heimat klimatisch schon fortgeschrittenen Herbstzeit, Freya die Bienen für den Winter versorgte und dabei die Briefe, das geistige Erbe der Moltkes aus dieser wichtigsten Lebenszeit, hütete. Denn so nebenbei erzählte sie ihrem Mann, wie sie gerade die Briefe in den Bienenkörben versteckt hatte: „Vor Tisch habe ich die Bienen eingepackt und in den Stöcken einstweilen die Briefe verborgen."

Es ließe sich zu den vielen Liebesbekundungen noch eine ungewöhnliche hier anfügen. Helmuth erzählte seiner Frau am 26. Okt. von einem Erlebnis im morgendlichen Halbschlaf („halb Gedanke, halb Traum"). Dies Erlebnis zeigt die Allgegenwart seiner Todesgedanken, aber eben auch die Intensität ihrer gemeinsamen Liebe. Am 18. Okt. hatte Freya ihrem Mann von ihrer Empfindung erzählt, jeder brauche den anderen, „um ein ganzer Mensch zu werden". Eine Woche später verarbeitete Helmuth ganz offenbar diese Aussage im Halbschlaf. Er kam zur Hinrichtung nach Plötzensee und der Henker sagte zu ihm: „Wie soll ich denn den linken alleine hinrichten ohne den rechten, das geht ja nicht. Und als man mich ansah, da warst Du an meiner rechten Seite angewachsen, wie die Siamesischen Zwillinge, so dass eine Hinrichtung unmöglich war." Das Bild ist von einer großen Schönheit, von einer ungeheuerlichen Aussagekraft für das Ineinandergreifen der wahren Gefühle, für die Aufnahme der Worte des einen durch den anderen und das intensive emotionale Weiterwirken. Freya antwortete übrigens am 28. Okt.: „Du glaubst nicht, wie mich der siamesische Zwilling immer wieder freut."

„Morgen fängt ein neuer Monat an und der wird wohl meinen Tod bringen." Das denkt und schreibt Helmuth am 31. Oktober. Freya dagegen glaubt „fest an die Möglichkeit, dass wir gemeinsam auch diesen Monat wieder verlassen dürfen". (2. Nov.) Sie „möchte bei aller tiefen Dankbarkeit so ungeheuer gerne noch mehr Leben mit Dir haben“ als die bisherigen knapp 15 Jahre. Jeder der beiden wusste, die Tage waren wie „kostbare Perlen“ (14. Nov.).

Gewissheit und Zweifel durchziehen weiterhin den Glauben. Mal stützt die Glaubensgewissheit, dann zersetzt die Nachdenklichkeit jede Sicherheit. In der Nacht zum 6. November fand Moltke „die Aussichten auf das Reich Gottes doch recht vage und unklar und nicht recht plastisch“. Aber er stützte sich dann wieder mit der biblischen Kerndefinition des Glaubens, wie sie in Hebr. 11,1 steht: „Es ist aber der Glaube eine gewisse Zuversicht des, das man hofft, und ein Nichtzweifeln an dem, das man nicht sieht.“ Mehr kann auch die Bibel zum Glauben nicht sagen. Moltke möchte sich daran gerade in jenen 1 ½ Stunden festhalten „von meiner Einlieferung in Plötzensee bis zu meinem Tode“ (10. Nov.). Die Dauer dieser Zeitspanne wird er von Poelchau erfahren haben, der viele Todestransporte begleitete. Ähnlich wie in seinem großen Brief über die Bibel vom 21. Oktober schrieb Moltke auch – verkürzt – am 10. November seiner Frau, wie die Bibel davon spreche, hier in 1. Kor. 13, 13, „dass über allem Vergänglichen drei Dinge bleiben, Glaube, Hoffnung, Liebe.“ Bekräftigend fügte er hinzu: „Das ist das große Trio.“ Und dann das große Bekenntnis: „Du bist mein Korinther 13.“ Auf dich also setze ich Glauben, Liebe, Hoffnung. Man muss wohl diese Reihenfolge für das persönliche Verhältnis der Eheleute Moltke nehmen.

Moltke quälte sich. Er rang mit dem Glauben. Er wollte Stetigkeit, Festigkeit und auf diese Weise Sicherheit, Zuversicht und Geborgenheit. Deutlich wurden ihm die ständigen Zweifel bewusst, denn, so schrieb er Freya am 12. Nov., der Glaube sei „kein Besitz, den man getrost nach Hause tragen kann, sondern man muss ihn sich alle Tage, ja jede Stunde neu erringen“. Wie wahr. Und wie zutreffend war auch seine gleich nachfolgende Erkenntnis: „Je komplizierter ein Mensch gebaut ist, umso mehr Ansatzpunkte hat jener Herr", der Teufel nämlich, also in diesem Zusammenhang der Verstand. Leichter wäre es, „in diesen geistlichen Fragen einfältig zu sein". Das sind und bleiben wohl für jeden nachdenklichen Menschen die Grunderfahrungen im Ringen um den Glauben. Hier hat sie ein Mensch mit seinem vollen Bewusstsein kurz vor seinem Tod formuliert.

Und dann kam der 13. November 1944, an dem sich die Eheleute noch einmal für eine halbe Stunde sehen durften. „Welch ein Glück wird uns noch Mal beschert" schrieb Freya morgens vor dem Treffen; „… welch eine herrliche halbe Stunde haben wir genossen" schrieb Helmuth kurz danach. Freya nannte es „ein reines Glück" und fand für die dabei erfahrene Haltung ihres Mannes ein treffendes Bild: „Du bist wie ein Felsen und wie zarteste Daunen." Helmuth lebte noch in vielen nachfolgenden Briefen mit der Erinnerung. „Dein schöner, köstlicher, herrlicher, erquickender Besuch, dieser Glanz, in dem sich noch einmal mein ganzes Leben zusammenzufassen schien." (14. Nov.) Damit in vollem Bewusstsein voneinander Abschied zu nehmen, sei zwar „ein Schnitt ins Lebendige", aber eine beglückende Erinnerung bleibe für immer. Auch die Bitte um ein Stück Seife passt, so dinglich-alltäglich, so banal der Gegenstand ist, in dieses Liebesbekenntnis. Helmuth möchte (16. Nov.) „1 Stück Seife, aber bitte ein ganz kleines, dreiviertel verbrauchtes Stück von Dir. Kein neues." Ein köstliches Dokument für eine große Empfindung, dieses kleine Stück von seiner Frau schon gebrauchter Seife.

In der zweiten Novemberhälfte wurde der Prozess vor dem VGH erwartet. Auch deswegen leben die Briefe wieder stärker von der Unmittelbarkeit des Todes. Freya fand jetzt ihre wunderbarsten Trostworte: „Außer dem Leben können sie Dir ja nichts nehmen! Ob Du das mit 38 oder 46 verlierst, ist so wesentlich nicht, wie, dass Du als reicher Mann stirbst." Und für sich fügte sie in diesem Brief vom 17. Nov. hinzu: „Mich verlässt Du gestärkt.“ Der Augenblick des Todes sei sehr nahe, so meinen beide. Helmuth hatte eine Büchse Sardinen, 1 Tafel Schokolade und einige Kaffeebohnen von früheren Besuchen seiner Frau aufgespart. Freya möge nicht ins Kammergericht kommen: „Der Abschiedsblick würde uns nicht glücklich machen.“ Denn, „verfehlen wir uns, dann bist Du unglücklich, sehe ich Dich, so weiß ich nicht, ob mich das für den Termin stärkt.“ Besser wäre: „Bleibe still zu Haus oder bei Poelchau’s; stehe Deinem Wirt bei mit tiefer Ruhe.“ (19. Nov.) Es werde sich ohnehin alles ohne jede Eingriffsmöglichkeit abspielen, „ein ganz mechanischer Ablauf von der Abfahrt in Tegel bis zum Kamin in Plötzensee, bei dem der V. G. H. in Wirklichkeit nur so eine Betriebshaltestelle ist, eine Haltestelle, wo der Schaffner ‚freie Bahn‘ läuten muss, aber keiner aus- oder einsteigen kann.“ (10.–12. Dez.) Das ist ein sehr treffendes Bild für die Prozessabläufe vor dem Volksgerichtshof 1944/45.

Der angedrohte Termin verstrich. Der Prozess gegen Moltke u. a. wurde wieder verschoben. Jetzt möchte Helmuth noch eine weitere Begegnung mit seiner Frau und dabei mit Poelchau das Abendmahl feiern. Die Briefe konzentrieren sich auf diesen Gedanken. Und jubelnd schrieb Freya ihrem Mann am frühen Morgen des 28. November: „Ich habe eine neue Sprecherlaubnis in der Tasche.“ Ein einfacher Amtsrat im RJM (Thiele, „mager und blass und sächsisch“), aber wichtig durch seine Parteifunktion als Ortsgruppenleiter von Rengsdorf, hatte über dieses Glück entschieden. Wusste dieser Mann, was er tat und bewirkte? Interessierte es ihn überhaupt? Man muss wohl eher an eine Gleichgültigkeit dieser Amtsperson denken, eine nicht weiter reflektierte amtliche Förmlichkeit.

Das Abendmahl feierten beide am 29. November in der Kirche des Gefängnisses Tegel. Das Gebäude – errichtet im wilhelminischen Stil der Jahrhundertwende – steht auch heute noch unverändert mitten im Areal des Gefängnisses. Vom Altar steigen 14 Reihen nach hinten auf. Über 200 Personen hätten dort Platz. Rechts vom Altar ist der Vers geschrieben „meinen Frieden gebe ich euch“. Links steht „wen Jesus befreit, der ist wirklich frei“. Hinter den Bänken, über den beiden Zugangstüren, stehen die Worte „Friede sei mit euch“ und an der anderen Seite „Jesus ist Zuversicht“. Das Gebäude ist also betont eine Kirche. Die eingeschriebenen Worte sollen einen Bezug nehmen auf die Gottesdienstbesucher dieses Hauses, die Gefängnisinsassen, und ihnen etwas als wichtig Empfundenes sagen.

Am 29. November 1944 traten hier Helmuth und Freya von Moltke zum Abendmahl vor den Altar. Freya schrieb, immer noch ergriffen, danach: „Ich war sehr benommen ... Welch ein Geschenk, mein Geliebter, neben Dir knien zu dürfen und mit Dir aus unseres Freundes Hand das (sc. Brot und Wein) empfangen zu dürfen ... Wir haben unsere Verbundenheit über den Tod hinaus besiegelt bekommen.“ Und auch Helmuth schrieb, zurück in seiner Zelle, aus ähnlicher Ergriffenheit über „unsere Abschiedsfeier“. Mehr konnte es nicht geben. Mehr konnte in dem gemeinsamen Leben dieser Eheleute nicht geschehen. So muss man diesen 29. November 1944 als ihren Abschiedstag ansehen. „Ich sehe mein Stundenglas auslaufen“, so sagte Moltke bald darauf seiner Frau (10. Dez.).

Es blieben noch, unverändert gewaltig, von Glaubenszweifeln und Glaubenswilligkeit, von gegenseitigen Liebesbekundungen und bleibender inneren Nähe bestimmt, „diese Tage der Todesnähe... ohne Hoffnung, aber voll Glauben und in großer Liebe“. Als Helmuth dies am 6. Dezember seiner Frau schrieb, saß diese gerade im Kreisauer Berghaus. Es war dies der Augenblick, in dem sie ihre Verzweiflung durch die Erinnerung an Beethovens Oper „Fidelio“ in eine letzte Wortform fassen konnte. Der Reichsdeutsche Rundfunk hatte die im Februar 1944 in Wien unter Karl Böhm aufgenommene Oper „Fidelio“ an einem Septemberabend desselben Jahres gesendet. Freya hatte das gehört: „Wie ich den (sc. Fidelio/Leonore) beneidet habe, und wie ich sehnsüchtig gewünscht habe, dass ich das auch tun könnte! Aber so ist es eben nur im Fidelio!“ Die „namenlose Freude“ hat sich Helmuth und Freya von Moltke nicht mehr mitgeteilt. Das Abendmahl am 29. November war der Abschied von ihrem gemeinsamen Leben. Es gab danach noch eine letzte Begegnung am 6. Januar 1945, drei Tage vor dem Prozess: „... vielleicht unser letzter Blick auf dieser Welt“, wie Helmuth danach schrieb (6. Jan.). „Du bist das Glück meines Lebens“, so schrieb Freya am Abend desselben Tages als ihre Reaktion.

Es bleibt das große Trio, das beide Eheleute trägt, die Liebe, der Glaube und die Hoffnung. Die Liebe ist die große Konstante, von keinem je angezweifelt, von beiden immer mit größter Gefühlsintensität gelebt, mitgeteilt und erfahren. Der Glaube ist ein Anstieg, er setzt im Ravensbrücker Tagebuch und dann in den Tegeler Briefen eher unmerklich ein, verdichtet sich dann immer mehr, wird zwischendurch von leichten Zweifeln angenagt, zum Schluss aber ein vibrierendes Credo.

Die Hoffnung ist eine Welle. Sie richtet sich auf Möglichkeiten, den erwarteten Prozess zu beeinflussen, Besuche seiner Frau bei wichtigen Amtsträgern zu veranlassen, Eingaben zu formulieren und zu versenden, z. B. an die Adresse Himmlers. Die Hoffnung richtet sich auf konkrete Erwägungen zu begehender Wege des Rechtsanwalts Hercher, auf Adressen an Keitel, den „Gummilöwen“, oder auf den alten Marschall von Mackensen. Schließlich richtet sich die Hoffnung auch auf konkrete Gnadengesuche, auf Möglichkeiten, den Prozess zu verschieben, gar die Hinrichtung hinauszögern zu können. Am Ende werden auch Kriegseinflüsse bedacht. Alle Hoffnungen keimen, schwinden, keimen wieder und schwinden wieder. Ihre aufsteigenden und abfallenden Wellen sind furchtbar.

Die Liebe ist die Konstante. Jeder Brief ist ein Beleg dafür. Sie macht reich: „Du stirbst als reicher Mann." Denn: „Wir beide wissen, dass wir uns nie verlieren werden, weil unsere Liebe uns auf immer vereint." (19. Nov.) Deswegen schließt Freya nahezu jeden Brief mit dem Wort: „Ich bin und bleibe immer Dein Plüm." Sie versichert ihm wiederholt, er sei geboren, um „eine Frau zu haben, und zwar, mein Jäm, gerade mich..., die Dir mit ihrer großen Liebe das Leben wärmt, solange du es hast." Helmuth versteht das und nimmt es direkt an. Freya denkt sinnlicher, Helmuth etwas geistiger. An Platons Vorstellung von der Ehe als Vereinigung zweier Kugelhälften, davon war schon die Rede, ist man erinnert, wenn man Helmuths Briefstelle vom 4. Januar 1945 liest: „Wir haben eben nur ein Herz und einen Blutkreislauf und sind eben ein Schöpfungsgedanke."

Liebe, Glaube, Hoffnung: Wer will da beim Abschied nach dem Abendmahl am 29. November 1944 die emotionale Wucht dieses letzten Blickes der Eheleute erfassen, das tief eindringende letzte Bild beschreiben? All das Ungreifbare, die unergründliche Tiefe, die aus so einem Augenblick heraus die Seele zum Schwingen bringt und in einen namenlosen Schmerz treibt, nimmt in einer Weise Gestalt an, wie es nur in der Abschiedsstunde, in den wenigen Sekunden des Auseinandergehen-Müssens zu entstehen vermag. Was dann bleibt, ist eine lange nachhallende Sehnsucht.

3. Kapitel

„Von guten Mächten wunderbar geborgen"
Der 19. Dezember 1944

Der Verlauf des Jahres 1944 zwang Helmuth J. Graf von Moltke auf den Weg in den Tod. Die Stationen von der Verhaftung über die acht Monate als Schutzhäftling im KL Ravensbrück und die nachfolgenden drei im Gefängnis in Berlin-Tegel führten zwingend auf den Prozess gegen ihn als Hochverräter vor dem VGH zu. Und dieser auf den Tod in Plötzensee. Den Abschied vom Leben, von seiner Frau und ihren beiden Söhnen hatte er lange und vor allen Dingen intensiv nehmen können und müssen. Sein Innenleben hatte er dabei mit einer großen Hingabe an die Verheißungen des christlichen Glaubens und an die beglückenden Erfahrungen der ihn mit Freya verbindenden ehelichen Liebe bis zum gelegentlichen Überlaufen aller seelischen Gefäße füllen und binden können.

Wie ihn die Außenwelt noch erreichte, gab Moltke zumindest in seinen Briefen nicht zu erkennen. Dass sie ihm jedoch – in gefilterten Portionen – noch bemerkbar und erfahrbar wurde, darf man der Tatsache entnehmen, dass er den ‚Völkischen Beobachter' gelegentlich lesen konnte. Ob er es tat und wie gründlich er es tat, ist unbekannt; Moltke sprach nie davon. Er wird aber Zeuge des militärischen und damit auch des politischen Untergangs des Dritten Reiches geworden sein. Mit einer gewissen Spannung wird er erlebt und gefragt haben, welches Ende, sein eigenes oder das Deutschlands, in dem sich beschleunigenden Prozess das erste sein werde. Die Hoffnung, dass es nicht sein eigenes Lebensende sein werde, war allerdings gering, denn der Kriegsgerichtsrat

Moltke hatte das nationalsozialistische System, die Unerbittlichkeit des gesamten Räderwerkes und die Starrheit des Diktators Hitler schon vor seiner Verhaftung erfahren müssen.

Den Leser der Moltke-Briefe mag ein gewisses Interesse beleben, aus den kleinen Zellen in Ravensbrück und Tegel gelegentlich auf die große Bühne des Geschehens zu blicken. Der Vorhang stand im Januar 1944 noch weit offen, zum Jahresende hin begann er sich dramatisch schnell zu schließen. Wir verfolgen die Geschichte des Untergangs bis zum 19. Dezember 1944.

Die schon 1943 sichtbar gewordene Defensive der deutschen Wehrmacht schlug 1944 an allen Fronten in Rückschläge und Rückzüge um. Es ging schnell. Hitlers Neujahrsaufruf an die Soldaten der Wehrmacht enthielt bereits das erkennbare Eingeständnis des auch von ihm bald erwarteten Endes: „Das Jahr 1944 wird ein sehr hartes sein.“[14] Görings Versuch, das Todesringen Deutschlands mit einer kulturellen Großtat zu verbinden – er beschwor die „Verantwortung für die Kulturwelt eines ganzen Erdteils“ –, war Blasphemie.

Zu Beginn des Jahres 1944 standen deutsche Truppen noch in ganz Europa und auch in den tiefen Räumen der Sowjetunion. Aber die Rote Armee kämpfte sich sowohl im Südosten bei Kertsch wie im Nordosten vor Leningrad vor. Am 20. Januar gaben deutsche Truppenverbände Nowgorod auf, bald darauf lösten sie ihren Ring um Leningrad. Am Dnjepr gingen in schneller Folge vor zwei Jahren eroberte und für die deutsche Rüstungsindustrie wichtige Industriestädte verloren. Am 14. Mai meldete das OKW, dass deutsche Truppen die Krim aufgegeben hätten. Für die Mitte der Front traf die Sowjetunion in der ersten Jahreshälfte umfangreiche Vorbereitungen, ehe sie am 22. Juni dort mit großer Waffen- und Mannschaftsstärke ihre Sommeroffensive begann. Ihren 45 Panzer-Brigaden, 126 Schützen-Divisionen und

4.000 Flugzeugen standen hier nur 40 ausgezehrte deutsche Divisionen gegenüber. Bis Berlin machte diese russische Offensive keinen nennenswerten Halt mehr.

Hitlers Versuch, die am 27. Januar in der Wolfsschanze versammelten Oberbefehlshaber der Ostfront auf den Endkampf und auf sich einzuschwören – „Wenn es jemals eine letzte Stunde gibt, dann hoffe ich, dass Sie, meine Herren Generale zusammen auf den Barrikaden stehen, und dass Sie, meine Feldmarschälle, mit gezogenem Degen bei mir sind.“ –, verpuffte als leere Rhetorik. Der Führer glaubte selbst nicht mehr an seine Worte, zog sich bald danach aus dem von ihm ungeliebten Ostpreußen auf seinen bayerischen Berghof zurück und kam von dort erst nach fünf Monaten, am 14. Juli, nach Rastenburg zurück. Da war im Osten schon die Entscheidung gefallen. Die deutsche Wehrmacht hatte bis zum 8. Juli von ihren 40 Divisionen bereits 28 verloren.

Im Westen vollzog sich der militärische Untergang langsamer, in härteren Kämpfen und auf kürzeren Distanzen. Die Alliierten landeten zunächst bei Nettuno in Italien, ließen sich dort nicht wieder vertreiben, zerstörten mit eigenen Bomben das berühmte Benediktinerkloster Montecassino (15. Februar) und drängten die deutschen Truppen bis zur Aufgabe Roms am 5. Juni nach Norden vor sich her. Am nächsten Tag, am 6. Juni 1944, 18 Tage vor Beginn der russischen Offensive im Osten, landeten sie im Westen in der Normandie. Deutschland musste jetzt seinen klassischen Zweifrontenkrieg auf dem europäischen Kontinent führen. Kriegsverbrechen wie die Totalzerstörung und Tötung aller Einwohner im französischen Oradour-sur-Glane am 10. Juni oder zwei Monate später und in erheblich größerem Maße die Zerstörung Warschaus, bewirkten militärisch gar nichts, erzeugten aber den Schauder des Weltgewissens. Am 25. August zog der französische General de Gaulle ins befreite Paris ein. Als Aachen den Amerikanern als erste deutsche Stadt in die Hände fiel (21. Oktober) und die Russen in Ostpreußen einbrachen, war der Zweite Weltkrieg auf deutschem Boden angekommen.

Von den deutschen Städten, gerade von den historisch wertvollen, ließen die alliierten Bombenangriffe wenig übrig. Die pausenlosen Einsätze mit Luftflotten von bis zu 1.000 Maschinen brachten Zehntausenden der Einwohner den Tod und hinterließen innerstädtische Trümmerwüsten im Maßstab des vom Vesuv zerstörten Pompeji. Ein Beispiel kann der anglo-amerikanische Nachtangriff auf München vom 24./25. April sein. 25.429 Phosphorbomben, 55.000 Stabbrandbomben und „nur" 85 Sprengbomben zerstörten die Alte Pinakothek, die Michaeliskirche, die Akademie der Bildenden Künste, die Peterskirche, das Stadtmuseum, das Alte und das Neue Rathaus, das Maximilianeum, das Palais der Wittelsbacher und nicht gezählte private Wohnhäuser und Geschäfte. Goebbels polemisierte dagegen im VB am 27. Mai: „Das hat nichts mehr mit Krieg zu tun, das ist nackter Mord." Das war richtig, denn die Angriffe sollten die Moral der deutschen Zivilbevölkerung brechen.

Die deutsche Flugabwehr war eigentlich wirkungslos, sowohl in den Städten wie in den Industriestandorten. Der am 13. Juni begonnene Beschuss Englands mit der „Wunderwaffe V 1", als Vergeltung dargestellt, war mehr ein Propagandaerfolg. Nicht anders zu werten ist der 300. Abschuss, der dem Oberleutnant Erich („Bubi") Hartmann am 25. August gelang. Man dekorierte den erfolgreichsten deutschen Jagdflieger dafür als 18. Soldaten der Wehrmacht mit dem Eichenlaub mit Schwertern und Brillanten zum Ritterkreuz. Das half genauso wenig wie das kurz zuvor, am 17. August, dem 551. Soldaten der deutschen Wehrmacht verliehene Eichenlaub zum Ritterkreuz. In dieselbe Kategorie der Vergeblichkeit gehörten die Aufstellung des „Deutschen Volkssturms" am 25. September (am 18. Oktober in der Öffentlichkeit bekannt gegeben) oder die der „Volksgrenadierdivisionen"

(3. November). Die Tapferkeit einzelner erfahrener Frontkämpfer oder vieler unerfahrener Kindersoldaten und alter Männer reichte nicht aus. Es bedurfte der Einsicht in die Ausweglosigkeit der militärischen Lage und der Bereitschaft zur Konsequenz.

Das Regime aber suchte die Lage zu „überspielen". Da sämtliche Theater, Varietés, Kabaretts und Schauspielschulen von Goebbels zum 1. September geschlossen wurden, kam dem Kino eine noch größere Unterhaltungsbedeutung zu, als es diese seit den 30er Jahren ohnehin schon in Deutschland hatte. Durchaus beachtenswerte Filme erhielten jetzt ihre Uraufführung: die „Feuerzangenbowle" (nach Heinrich Spörl und mit Heinz Rühmann, Erich Ponto, Paul Henckels u. a.) am 28. Januar, die „Träumerei" über Robert und Clara Schumann (mit Hilde Krahl und Mathias Wieman) am 3. Mai, die „Zaubergeige" am 9. Mai oder der künstlerisch sehr wertvolle Musikfilm „Philharmoniker" am 4. Dezember. Die gesamte deutsche Schauspielerelite war hier beteiligt, von Will Quadflieg über Erich Ponto, O.-E. Hasse bis zu Erika von Thellmann, Elisabeth Flickenschildt u. a. Die GMD Eugen Jochum, Karl Böhm und Hans Knappertsbusch dirigierten, auch der Komponist Richard Strauß, nicht aber Wilhelm Furtwängler und Herbert von Karajan. Gespielt wurden von den Berliner Philharmonikern die ersten beiden Sätze der 5. Sinfonie Beethovens, der 1. Satz der 7. Sinfonie Bruckners, die durch die früheren nationalsozialistischen Siegesmeldungen etwas in Misskredit geratenen, musikalisch aber hervorragenden „Préludes" von Liszt sowie der Walzer „An der schönen blauen Donau". Vorausblicken dürfte man auch auf den Widerstandsfilm „Kolberg", der zwar erst am 30. Januar 1945 uraufgeführt wurde, aber mit großem Aufwand 1943 und 1944 gedreht worden war. Hier spielten Heinrich George und Kristina Söderbaum ihre letzten großen Rollen. Das alles war eine Welt, die Helmuth von Moltke – vielleicht – nur über den VB in seine Zelle holen konnte.

Die militärisch und politisch begründete Einsicht, den Verbrecher Hitler und seine Kumpane (Himmler wurde immer wieder an zweiter Stelle genannt) zu stoppen, hatte viele Widerstandsideen und (misslungenen) -versuche hervorgebracht. Dazu gehörten auch eher stille Proteste wie der von Erich Ohser aus Plauen im Vogtland (E. O. Plauen), dem Karikaturisten der unsterblichen Vater-Sohn-Geschichten. Dieser brachte sich am 6. April 1944 im Zuchthaus Brandenburg-Görden selbst um. Stauffenbergs Attentatsversuch am 20. Juli in der ostpreußischen Wolfsschanze steht natürlich bei allen Betrachtungen im Vordergrund. Zu Recht, denn nicht allein die Aktion, sondern mehr noch die Reaktion des Regimes riss einen tiefen Krater in das politische Bewusstsein aller Nachdenklichen und zerstörte nachhaltig bis zur Kapitulation am 8. Mai 1945 alle weiteren Widerstandsmöglichkeiten.

Ihre Rache konnten die Nationalsozialisten leichter an den militärischen Widerstandskämpfern nehmen als an den zivilen. Das zeigt auch die am 1. August gegen Carl Friedrich Goerdeler ausgeschriebene Fahndung (mit der ausgelobten enormen Belohnung von 1 Mill. RM). Dessen Ergreifen in einer westpreußischen Gaststätte am 19. August und die Welle der begleitenden und nachfolgenden Verhaftungen offenbaren den energischen Willen des Regimes, den als bedeutend erkannten zivilen Widerstand auszumerzen. Das Ausland war politisch desinteressiert, ließ auch die den alliierten Aufklärern am 4. April 1944 gelungene Enttarnung der KL Auschwitz und Birkenau „angesichts der sehr großen technischen Schwierigkeiten“ ungenutzt. Man war nur fixiert auf die zu erzwingende militärische Kapitulation Deutschlands. Die am 9. Oktober 1944 in Dumbarton Oaks, in der Nähe Washingtons, erfolgte Gründung der Organisation der Vereinten Nationen wäre ein herausragender Ansatzpunkt gewesen, auch dem deutschen politischen Widerstand eine Handlungsperspektive zu geben, z. B. den sozialdemokratischen und kommunistischen Widerständlern im KL Buchenwald oder den Teilnehmern der Kreisauer Gespräche.

Damit sind wir wieder bei Helmuth J. von Moltke in seiner Tegeler Zelle. Die Parallelen zwischen der Außenwelt und seiner Innenwelt im Jahr 1944 sind abgeschritten, das Gleichzeitige des Ungleichzeitigen ist erfasst. Den vom VGH und seinem Präsidenten Roland Freisler am 8. August 1944 durch einen ersten Prozess gegen „eidbrüchige, ehrlose Ehrgeizlinge", wie er mit überlauter, scharfer Stimme im Saal des Berliner Kammergerichts damals deklarierte, eingeleiteten Verhaftungs-, Prozess- und Mordwellen fielen jetzt alle zum Opfer, derer das Regime habhaft werden konnte. Ein alles noch einmal konzentrierender Augenblick wurde der 19. Dezember 1944. Er lässt den baldigen militärischen Untergang aufleuchten, reicht aber auch an unsere Erinnerung in bewegender Dichte die menschlichen Tragödien weiter.

Die Geschichte liebt es mitunter, ihr Geschehen zu verdichten. Rückt sie dann auch noch das Gegensätzliche zueinander, formt sie gar das Ungleichzeitige gleichzeitig, so drängt sie den Betrachter zur besonderen Aufmerksamkeit, mehr noch: Sie bietet ihm vertiefende Erkenntnismöglichkeiten an. Sie ordnet das bisher getrennt Gesehene und Bedachte nebeneinander und erzwingt so geradezu ein neues Nachdenken und Erkennen, ein Aha-Erlebnis.

So geschieht es auch mit dem, was sich am 19. Dezember 1944 ereignete. Zwei Widerstandkämpfer gegen den Nationalsozialismus, inhaftiert in der Berliner Prinz-Albrecht-Straße der eine, Dietrich Bonhoeffer, im Gefängnis in Berlin-Tegel der andere, Helmut J. Graf von Moltke, schreiben unabhängig voneinander Briefe an die, die ihnen am nächsten stehen, Bonhoeffer an seine Braut Maria von Wedemeyer, Moltke an seine Frau Freya. Und im von beiden gar nicht so fernen Gotenhafen (Gdingen), in der Danziger Bucht, wirft die Royal Air Force der Briten 824 t Bomben auf die Hafenanlagen. Dabei werden deutsche Kriegsschiffe versenkt oder beschädigt, unter ihnen das Linienschiff „Schleswig-Holstein“. Dieses Schiff macht den Angriff neben aller Dramatik für uns auch denkwürdig. Denn die „Schleswig-Holstein“ hatte mit ihren ersten Schüssen auf die Danziger Westernplatte, wo damals eine polnische Besatzung einsaß, in den frühen Morgenstunden des 1. September 1939 den Zweiten Weltkrieg eröffnet.

Welch ein Bogen der Geschichte! Der erste Aggressor sinkt fünf Jahre später in den Schlick der Ostsee. Der Krieg, so wissen wir den Augenblick zu werten, neigt sich seinem Ende zu. Das Dritte Reich wird bald auch untergehen.

Noch gibt die nationalsozialistische Führung im Dezember 1944 vor, das Geschehen ganz anders bewerten zu müssen. Drei Tage vorher, am 16. Dezember, hat Hitler noch einmal eine strategische Offensive starten lassen, die sog. Ardennenoffensive. 7 Panzer-, 12 Infanterie- und 2 Fallschirmjägerdivisionen, unterstützt von 1.794 Flugzeugen der Luftwaffe sowie 7 weiteren Reservedivisionen hat er aus der Eifel heraus gegen die 1. US-Army antreten lassen, ein militärischer Wahnsinn. Er beraubte auf diese Weise die Ostfront ihrer letzten mobilen Kräfte und lief sich im Westen nach kleinen anfänglichen Überraschungserfolgen fest.

Dieses vorhersehbare militärische Desaster einer letzten Offensiv-Vision des Gröfaz Hitler hinderte Goebbels nicht daran, in der Wochenzeitung „Das Reich“ einen Tag später, am 17. Dezember, einem Sonntag übrigens, unter dem Titel „Die Weltkrise“ das Geschehen auf eine allerdings nur rhetorisch erhöhte Bühne zu stellen. Er beklagte „ein militärisches Drama von erschütternder Tragik“, gab der Zukunft aber eine siegreiche Aussicht mit, denn Deutschland blicke in dem Ringen mit der begründeten Hoffnung, so der Minister für Volksaufklärung und Propaganda, „auf eine höhere geschichtliche Vorsehung, die es berufen hat, viel zu leiden, um viel zu werden“. Am nächsten Tag gab er der deutschen Öffentlichkeit den – für die Deutschen zunächst erfolgreichen – Beginn der Ardennenoffensive bekannt, am folgenden 19. Dezember ging das Symbolschiff „Schleswig-Holstein“ in der Danziger Bucht unter. Das Dritte Reich wird schnell folgen.

Der so weiträumige Bogen der deutschen Geschichte kommt an sein vorläufiges Ende. Das Dritte Reich wollte ein tausendjähriges sein. Es wollte nach dem ersten, dem mittelalterlichen Reich von 918 bis 1806, und dem zweiten, dem der Hohenzollern von 1871 – 1918, nicht nur das numerische dritte sein, sondern im Sinne der Trinität das vollendende, das letzte, unvorhersehbar weit in die Zukunft greifende tausendjährige Reich, begründet von dem am 31. Januar 1933, am Tag nach der Ernennung zum Reichskanzler, in der nationalsozialistischen Parteizeitung „Völkischer Beobachter“ hymnisch als Messias gefeierten AH. Nur 12 Jahre später trat dieser Hasardeur der Geschichte wie ein Talmi-Zuhälter der Chapeau-Claque-Ära durch Selbstmord auf dem Plüschsofa neben seiner Mätresse von der Bühne ab. Tatsächliche 1027 Jahre der deutschen Geschichte wurden ausgelöscht und den Geschichtsschreibern überlassen.

Ein abrupter Szenenwechsel erlaubt den Blick auf die Dramatik des Geschehens. Am Morgen des 19. Dezember 1944 hat Moltke im Gesangbuch ein Lied von Friedrich von Hardenberg, genannt Novalis, gelesen:

> „Was wär ich ohne dich gewesen,
> was würd ich ohne dich nicht sein?
> Zu Furcht und Ängsten auserlesen,
> ständ ich in weiter Welt allein.
> Nichts wüsst ich sicher, was ich liebte,
> die Zukunft wär ein dunkler Schlund;
> und wenn mein Herz sich tief betrübte,
> wem tät ich meine Sorge kund?“

Moltke hat damit aus seiner Tegeler Zelle heraus alles gesagt. Er bittet seine Frau, dies selbst zu bedenken, danach sich zu verhalten und dies auch den beiden gemeinsamen Söhnen weiter zu sagen, „dass alle unsere Frauen, so gut es ginge, zusammenhielten, unser geistiges Erbe verwalteten und unseren Kindern hülfen, eine richtige Einstellung zur Hinrichtung ihrer Väter zu bekommen... Wir wissen ja nicht, wie das, was wir wollten, eines Tages beurteilt werden wird."

Welch eine Gleichzeitigkeit des Ungleichzeitigen! Das Dritte Reich geht am 19. Dezember 1944 symbolisch mit seinem Schiff „Schleswig-Holstein" unter, der programmatische und so tief in Ethik und Religion, in die Humanität hineingreifende Widerstand bietet am selben Tag in einmaliger Zeugenschaft sein großes, weil überzeugendes Erbe der Nachwelt an.

Helmut J. Graf von Moltke schließt seinen Weihnachtsbrief mit den Worten: „Ich wünsche Dir, den Söhnchen, Deinem Haus und allen, die dazugehören, ein gesegnetes Fest."

Den Fragen des Novalis bot Dietrich Bonhoeffer in seinem ebenfalls am 19. Dezember geschriebenen Weihnachtsbrief diese Antwort an[15]:

> „Von guten Mächten wunderbar geborgen
> Erwarten wir getrost, was kommen mag.
> Gott ist bei uns am Abend und am Morgen,
> und ganz gewiss an jedem neuen Tag."

Das Credo des Protestantismus ist gesprochen. Die christliche Kirche insgesamt wird es als ihr Wort begreifen.

„Es war ein wunderschöner Wintertag", dieser 17. Dezember 1944, der 3. Advent, „mit warmer Sonne und blauem Himmel und jetzt am Abend hellen Sternen; dazu eine dünne Schneedecke". Freya schrieb es am späten Abend dieses Adventssonntags „mit dem Rücken zum Ofen im Dienstraum im Kreisauer Bahnhof“ sitzend. Ihr Zug kam noch nicht, er hatte bereits zwei Stunden Verspätung. Sie wollte nicht zum Berghaus zurückgehen, da dort schon alle schliefen und beruhigte ihren Mann: „So sitze ich hier friedlich, schreibe, lese, stricke.“

Sie erzählte Helmuth von den Kindern, die „Reyali“, ihre Mutter, immer mit großer Wiedersehensfreude empfingen, „an den Pa“ dächten, rodelten, immer „gut in Form, vergnügt und unterwegs mit irgendwelchen Kumpanen“ seien. Jeder sei „recht beschäftigt von seinem Leben“. Das war die Idylle der Kinder in Kreisau, fern der Weltenuntergänge an den Fronten und in den Bombennächten der Städte. Bemüht, ihrem Mann auch die Sorge um sie zu mindern, erzählte sie noch, als dann der Zug gekommen und sie in Liegnitz umgestiegen sei: „Ich fuhr mit richtigen freundlichen Landsern, die mich mit Schmalzbroten traktierten und meine Wolle zum Wickeln hielten und je einen Apfel bekamen.“ Freya, die Mutter der Kompanie.

Frau von Moltke schaute im Chaos der Zeit, das ja auch sie umgab, auf diese Idylle und Normalität des Lebens. Helmuth las zur selben Stunde in seiner Tegeler Zelle die ihm gerade ausgehändigte Anklageschrift und urteilte: „... alles sind Insinuationen“. Am 19. Dezember trafen sie sich dann morgens zu einer überraschend genehmigten erneuten und dann tatsächlich letzten Sprecherlaubnis. Ihr folgte Helmuths „Weihnachtsbrief für ein merkwürdiges Weihnachten“. Davon war weiter oben die Rede. Freya ging danach zum Rechtsanwalt Hercher, um Helmuths Anregungen für die Verteidigung auszuhändigen, anschließend ins Café Kranzler, um ihre Gedanken nach der letzten Begegnung mit ihrem Mann zu ordnen: „Das Sehen ist ein großes Glück...“ Sie nahm Abschied von ihm mit biblischen Worten: „Mein Lieber, ich habe Dich lieb von ganzer Seele, ganzem Herzen, ganzem Gemüte.“

Es kam das Weihnachtsfest. „Wir feiern Weihnachten zusammen, ob wir gleich getrennt sind.“ (21. Dez.) Helmuth tat es am späten Nachmittag des Heiligen Abend in seiner Zelle. Da er keine Uhr hatte, folgte er seinem Zeitgefühl und schrieb seiner Frau dabei: „Es wird wohl 6 Uhr sein, und meine Gedanken … suchen Dich seit einer halben Stunde beim Singen, Lesen und Bescheren.“ Er sang für sich leise und laut Weihnachtslieder, pfiff ihre Melodien und las „Jesaja ganz“, dazu, wie schon seit längerem, „2 oder 3 Mal täglich“ den Trostpsalm 31 mit dem immer wieder hervorgehobenen Vers 6: „In deine Hände befehle ich meinen Geist; du hast mich erlöst, Herr, du treuer Gott.“ Auf seinem kleinen Zellentisch, an die Wand angelehnt, hatte er die kleine Papierkrippe gestellt, die ihm seine Söhne gebastelt hatten; darüber hing ein Strohstern seiner Frau.

Freya schrieb ihm ehelich verbunden über ihren Heiligen Abend: „Pünktlich um ½ 6 fingen wir an“, wie immer. Die Kinder hätten mit seiner alten und teilweise defekten elektrischen Eisenbahn gespielt. Es habe viele Geschenke gegeben: Tuschkasten, Bücher, „und alles, alles, alles“. Hier die Fülle, dort die Leere. „Du in Deiner Zelle… Wir feierten sehr schön und andächtig“. Es war „voll wie immer bei uns“. Am Weihnachtsmorgen war das Wetter in Kreisau von winterlicher Pracht: „Die Sonne strahlte über einen sehr kalten Morgen.“ Das war das erste getrennte Weihnachtsfest der Familie Moltke, das letzte für Helmuth J. von Moltke.

4. Kapitel

„In Treue Ihr politischer Soldat“ Der Richter Roland Freisler

Die Nürnberger Prozesse des Internationalen Militärgerichtshofes galten der Aburteilung der deutschen Hauptschuldigen am Zweiten Weltkrieg (Hermann Göring u. a.), nachfolgend aber auch einzelnen Tätergruppen. Von den 12 Prozessen, die insgesamt durchgeführt wurden, betraf der dritte, begonnen am 17. Februar 1947, die deutsche Justiz. So summarisch ist die Angabe allerdings nicht richtig, denn es wurden lediglich 16 deutsche Juristen vor die Schranken des alliierten Gerichts geladen und wegen Kriegsverbrechen, Verbrechen gegen die Menschlichkeit und Organisationsverbrechen angeklagt. Die Anklagevertreter aber glaubten, mit diesen Personen die Verkörperung dessen, was im Dritten Reich als Justiz angesehen wurde, vorgeladen zu haben.

Es war also eher ein partieller, fragmentarisch angelegter, auf Einzelpersonen beschränkter Stellvertreterprozess. Prominente Repräsentanten der deutschen Justiz im Dritten Reich waren die Vorgeladenen jedoch alle, so an ihrer Spitze der ehemalige Staatssekretär und zeitweilige kommissarische Reichsjustizminister Franz Schlegelberger. Konkret vorgehalten wurde ihnen die Beschuldigung „der bewussten Teilnahme an einem über das ganz Land verbreiteten und von der Regierung organisierten System der Grausamkeit und Ungerechtigkeit unter Verletzung der Kriegsrechte und der Gesetze der Menschlichkeit“.[16] Schlegelberger und drei weitere Angeklagte wurden nach einer Prozessdauer von 10 Monaten zu lebenslanger Haft verurteilt, die anderen zu 5–10 Jahren Freiheitsentzug. 1951 jedoch war keiner von ihnen mehr in Haft.

Herausgehoben durch ihre Positionen im Rechtswesen des Dritten Reiches waren sie alle, die eigentlich Prominenten saßen allerdings nicht mehr auf der Anklagebank. Der Reichsjustizminister Otto Georg Thierack z. B. hatte in britischer Gefangenschaft Selbstmord begangen, der Präsident des VGH von 1942–1945, Roland Freisler, war beim stärksten amerikanischen Bombenangriff auf Berlin als einer von etwa 20.000 Menschen am 3. Februar 1945 auf dem Innenhof des Berliner Kammergerichts durch einen Bombensplitter zu Tode gekommen.

Thierack war ein besonders willfähriges Beispiel für jene Juristen im Dritten Reich, die sich dazu hergaben, den Rechtsstaat und die Rechtssicherheit jedes einzelnen Bürgers zu zerstören. Dafür hatten die „Verordnung zum Schutz des Deutschen Volkes“ vom 4. Februar und die sofort am Tag nach dem Reichstagsbrand am 28. Februar 1933 nachfolgende „Verordnung zum Schutz von Volk und Staat“ gesetzliche Grundlagen geschaffen. Der im Februar 1933 beginnende und bis zum Mai 1945 nicht aufgehobene permanente Ausnahmezustand leitete die Rechtsgewalt jedes Richters in Deutschland aus der „Führergewalt“ Hitlers ab. Und dieser höhnte in einem seiner Tischgespräche während des Krieges[17]: „Letzten Endes sei die ganze heutige Rechtslehre nichts anderes als eine einzige große Systematik der Abwälzung der Verantwortung“, wo es doch darum ginge, „dem Staat die Aufrechterhaltung seiner natürlichen Rechtsordnung zu garantieren“. Unter dieser verstand Hitler nicht den Code Civil Napoleons von 1800 und auch nicht das BGB von 1900, sondern seine eigene – juristisch ungebildete – Führerautorität. Himmlers Verachtung gegenüber den Juristen als „Kloaken-Tierchen“ gehörte dazu.

Ein Roland Freisler passte sehr genau in diese Welt der Rechtsanschauung im Dritten Reich. Unter seiner Präsidentschaft hat der nationalsozialistische Volksgerichtshof (VGH), nach Hitlers Rechtsempfinden entscheidend, 1942–1945 durchschnittlich fünf Todesurteile pro Tag (5.003 insgesamt) gefällt und auf dem Höhepunkt, 1944, von 4.428 Angeklagten 2.097 zum Tode verurteilt. Damit greifen wir natürlich nicht alle Prozesse dieser Art zu dieser Zeit in diesem Reich. Aber wir stehen beim VGH vor dem Gericht, das wie kein zweites mit dem nationalsozialistischen Rechtssystem identifiziert wurde und auch heute noch wird. Das zeigen Blicke auf seine Geschichte und besonders seinen Präsidenten Freisler.

Der Nationalsozialismus war ein totalitäres Herrschaftssystem. Dies drückt sich nicht nur in der Abhängigkeit des Staates von einer Partei aus, sondern sehr wesentlich auch in der Aufgabe der Menschenrechte und des Prinzips der Gewaltenteilung, also der wesentlichen Grundlagen einer jeden demokratischen Staatsform. Der Reichstagsbrand vom Abend des 27. Februar 1933 gab für den nationalsozialistischen Totalitarismus das Startsignal. Die sofort am 28. Februar verkündete Notverordnung des Reichspräsidenten „zum Schutz von Volk und Staat“ setzte die politischen Freiheitsrechte außer Kraft. Zwei Monate später, am 23. März, hob das Ermächtigungsgesetz die Rechte der Legislative, des Parlaments also, auf und ein Jahr später, am 23. März 1934, beschloss das Reichskabinett, die allein verbliebene Gewalt, die Exekutive nämlich, Prozesse über Hoch- und Landesverrat einem zu gründenden besonderen Gerichtshof zu übertragen. Das war tatsächlich die zwar partielle, aber wesentliche Aufgabe einer selbständigen Judikative, denn der VGH wurde als „eine organische Schöpfung des nationalsozialistischen Staates“ gegründet und verstanden. Das steht so in seinem Gründungsgesetz vom 24. April 1934.

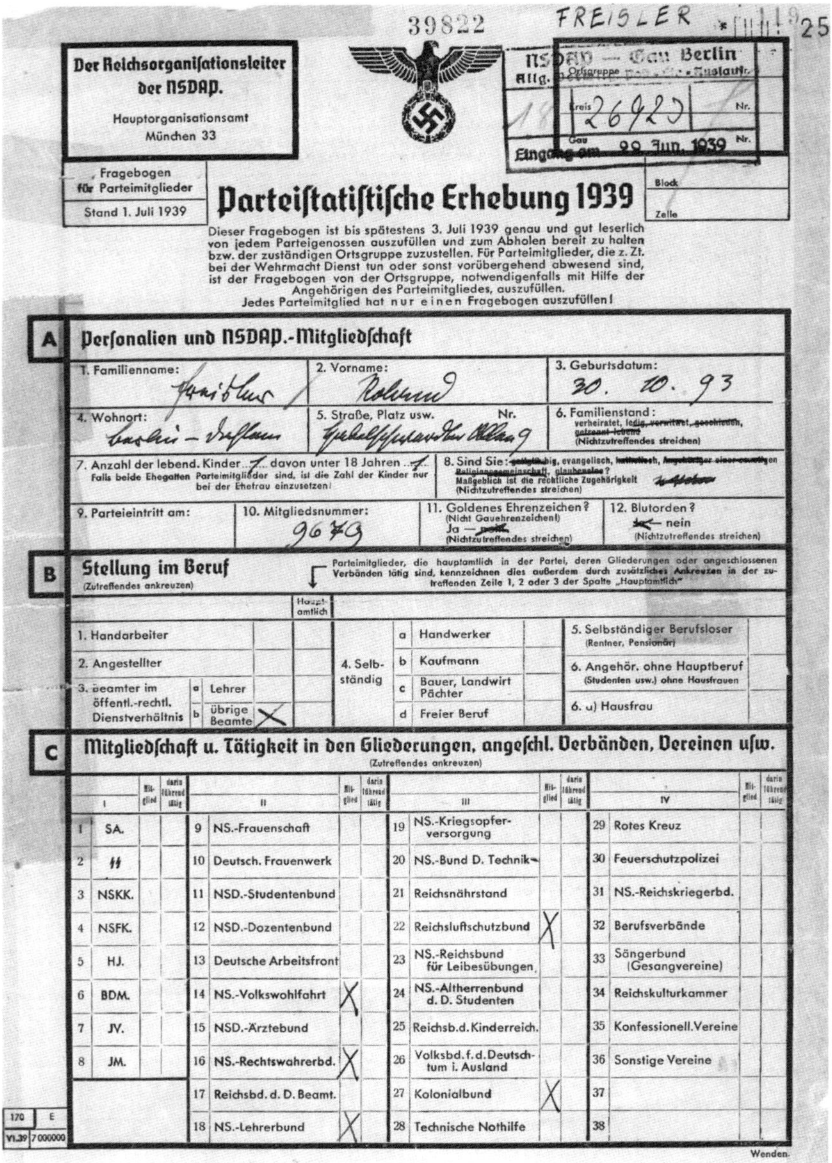

39822 FREISLER 25

Der Reichsorganisationsleiter der NSDAP.
Hauptorganisationsamt
München 33

NSDAP — Gau Berlin
Ortsgruppe ... Kreis 26920
Eingang am 28. Jun. 1939

Fragebogen für Parteimitglieder
Stand 1. Juli 1939

Parteistatistische Erhebung 1939

Block
Zelle

Dieser Fragebogen ist bis spätestens 3. Juli 1939 genau und gut leserlich von jedem Parteigenossen auszufüllen und zum Abholen bereit zu halten bzw. der zuständigen Ortsgruppe zuzustellen. Für Parteimitglieder, die z. Zt. bei der Wehrmacht Dienst tun oder sonst vorübergehend abwesend sind, ist der Fragebogen von der Ortsgruppe, notwendigenfalls mit Hilfe der Angehörigen des Parteimitgliedes, auszufüllen.
Jedes Parteimitglied hat nur einen Fragebogen auszufüllen!

A Personalien und NSDAP.-Mitgliedschaft

1. Familienname: Freisler
2. Vorname: Roland
3. Geburtsdatum: 30. 10. 93
4. Wohnort: Berlin – Dahlem
5. Straße, Platz usw. Nr.: Gelfertstr. ... Allee 9
6. Familienstand: verheiratet, ~~ledig, verwitwet, geschieden, getrennt lebend~~ (Nichtzutreffendes streichen)
7. Anzahl der lebend. Kinder 2 davon unter 18 Jahren 2
Falls beide Ehegatten Parteimitglieder sind, ist die Zahl der Kinder nur bei der Ehefrau einzusetzen!
8. Sind Sie: ~~gottgläubig~~, evangelisch, ~~katholisch, Angehöriger einer sonstigen Religionsgemeinschaft, glaubenslos~~? Maßgeblich ist die rechtliche Zugehörigkeit (Nichtzutreffendes streichen)
9. Parteieintritt am:
10. Mitgliedsnummer: 9679
11. Goldenes Ehrenzeichen? (Nicht Gauehrenzeichen!) Ja — ~~nein~~ (Nichtzutreffendes streichen)
12. Blutorden? ~~Ja~~ — nein (Nichtzutreffendes streichen)

B Stellung im Beruf
(Zutreffendes ankreuzen)

Parteimitglieder, die hauptamtlich in der Partei, deren Gliederungen oder angeschlossenen Verbänden tätig sind, kennzeichnen dies außerdem durch zusätzliches Ankreuzen in der zutreffenden Zeile 1, 2 oder 3 der Spalte „Hauptamtlich"

			Hauptamtlich						
1. Handarbeiter				4. Selbständig	a	Handwerker		5. Selbständiger Berufsloser (Rentner, Pensionär)	
2. Angestellter					b	Kaufmann		6. Angehör. ohne Hauptberuf (Studenten usw.) ohne Hausfrauen	
3. Beamter im öffentl.-rechtl. Dienstverhältnis	a	Lehrer			c	Bauer, Landwirt Pächter			
	b	übrige Beamte	X		d	Freier Beruf		6. a) Hausfrau	

C Mitgliedschaft u. Tätigkeit in den Gliederungen, angeschl. Verbänden, Vereinen usw.
(Zutreffendes ankreuzen)

	I	Mitglied	darin führend tätig		II	Mitglied	darin führend tätig		III	Mitglied	darin führend tätig		IV	Mitglied	darin führend tätig
1	SA.			9	NS.-Frauenschaft			19	NS.-Kriegsopferversorgung			29	Rotes Kreuz		
2	SS			10	Deutsch. Frauenwerk			20	NS.-Bund D. Technik			30	Feuerschutzpolizei		
3	NSKK.			11	NSD.-Studentenbund			21	Reichsnährstand			31	NS.-Reichskriegerbd.		
4	NSFK.			12	NSD.-Dozentenbund			22	Reichsluftschutzbund	X		32	Berufsverbände		
5	HJ.			13	Deutsche Arbeitsfront			23	NS.-Reichsbund für Leibesübungen			33	Sängerbund (Gesangvereine)		
6	BDM.			14	NS.-Volkswohlfahrt	X		24	NS.-Altherrenbund d. D. Studenten			34	Reichskulturkammer		
7	JV.			15	NSD.-Ärztebund			25	Reichsbd. d. Kinderreich.			35	Konfessionell. Vereine		
8	JM.			16	NS.-Rechtswahrerbd.	X		26	Volksbd. f. d. Deutschtum i. Ausland			36	Sonstige Vereine		
				17	Reichsbd. d. D. Beamt.			27	Kolonialbund	X		37			
				18	NS.-Lehrerbund	X		28	Technische Nothilfe			38			

170 E
VI.39 7000000

Wenden.

Personalbogen Roland Freislers für die parteistatistische Erhebung der NSDAP vom 27. Juni 1939 (Teil 1)

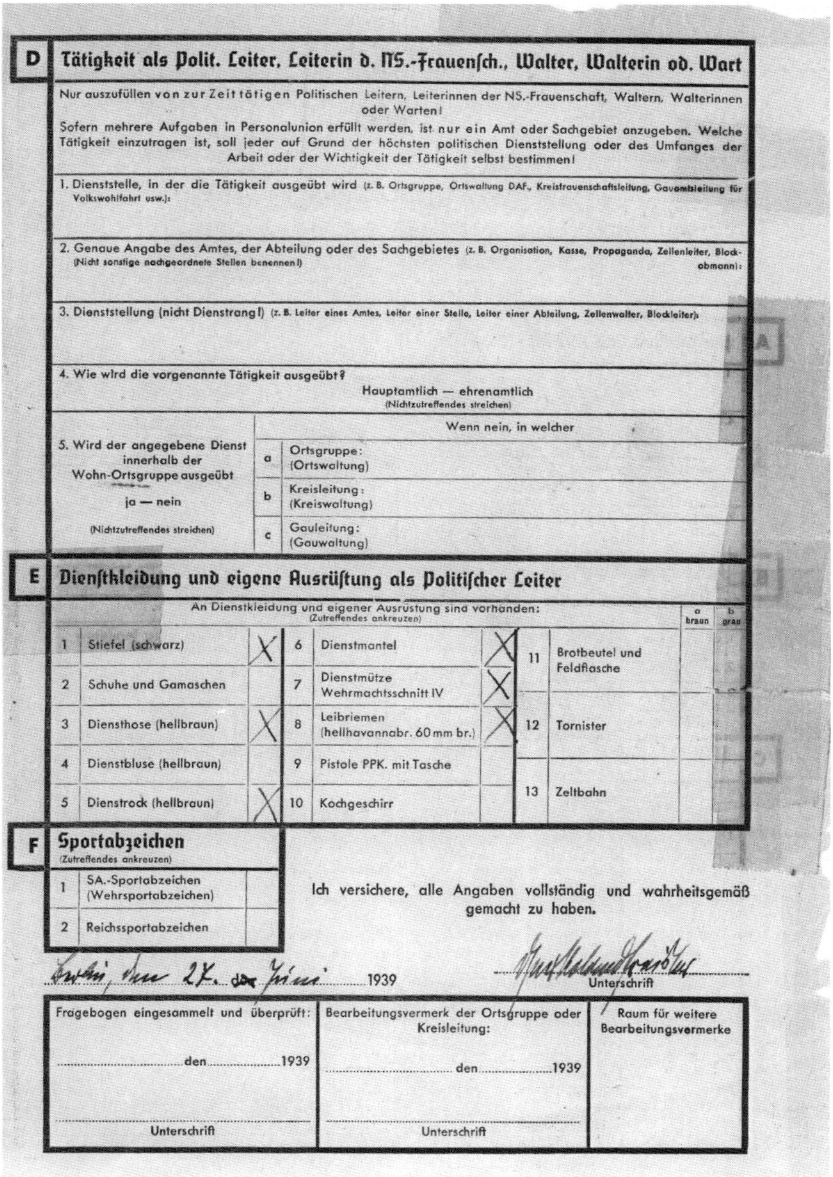

D **Tätigkeit als Polit. Leiter, Leiterin d. NS.-Frauensch., Walter, Walterin od. Wart**

Nur auszufüllen von zur Zeit tätigen Politischen Leitern, Leiterinnen der NS.-Frauenschaft, Waltern, Walterinnen oder Warten!

Sofern mehrere Aufgaben in Personalunion erfüllt werden, ist nur ein Amt oder Sachgebiet anzugeben. Welche Tätigkeit einzutragen ist, soll jeder auf Grund der höchsten politischen Dienststellung oder des Umfanges der Arbeit oder der Wichtigkeit der Tätigkeit selbst bestimmen!

1. Dienststelle, in der die Tätigkeit ausgeübt wird (z. B. Ortsgruppe, Ortswaltung DAF., Kreisfrauenschaftsleitung, Gauamtsleitung für Volkswohlfahrt usw.):

2. Genaue Angabe des Amtes, der Abteilung oder des Sachgebietes (z. B. Organisation, Kasse, Propaganda, Zellenleiter, Blockobmann): (Nicht sonstige nachgeordnete Stellen benennen!)

3. Dienststellung (nicht Dienstrang!) (z. B. Leiter eines Amtes, Leiter einer Stelle, Leiter einer Abteilung, Zellenwalter, Blockleiter):

4. Wie wird die vorgenannte Tätigkeit ausgeübt?
Hauptamtlich — ehrenamtlich
(Nichtzutreffendes streichen)

5. Wird der angegebene Dienst innerhalb der Wohn-Ortsgruppe ausgeübt		Wenn nein, in welcher
ja — nein	a	Ortsgruppe: (Ortswaltung)
(Nichtzutreffendes streichen)	b	Kreisleitung: (Kreiswaltung)
	c	Gauleitung: (Gauwaltung)

E **Dienstkleidung und eigene Ausrüstung als Politischer Leiter**

An Dienstkleidung und eigener Ausrüstung sind vorhanden: (Zutreffendes ankreuzen)

								a braun	b grau
1	Stiefel (schwarz)	X	6	Dienstmantel	X	11	Brotbeutel und Feldflasche		
2	Schuhe und Gamaschen		7	Dienstmütze Wehrmachtsschnitt IV	X				
3	Diensthose (hellbraun)	X	8	Leibriemen (hellhavannabr. 60 mm br.)	X	12	Tornister		
4	Dienstbluse (hellbraun)		9	Pistole PPK. mit Tasche					
5	Dienstrock (hellbraun)	X	10	Kochgeschirr		13	Zeltbahn		

F **Sportabzeichen**
(Zutreffendes ankreuzen)

1	SA.-Sportabzeichen (Wehrsportabzeichen)	
2	Reichssportabzeichen	

Ich versichere, alle Angaben vollständig und wahrheitsgemäß gemacht zu haben.

Berlin, den 27. Juni 1939

Unterschrift

Fragebogen eingesammelt und überprüft:	Bearbeitungsvermerk der Ortsgruppe oder Kreisleitung:	Raum für weitere Bearbeitungsvermerke
.... den 1939	.... den 1939	
Unterschrift	Unterschrift	

Personalbogen Roland Freislers für die parteistatistische Erhebung der NSDAP vom 27. Juni 1939 (Teil 2)

Als konkrete Gründungsmotivation war das in den Augen Hitlers und seiner Machtelite zu milde Urteil des damals in dieser Sache noch allein zuständigen Reichsgerichts vom 23. Dezember 1933 im sog. Reichstagsbrandprozess vorausgegangen. In diesem hatte das oberste deutsche Gericht, ansässig in Leipzig, nur den von ihm als (Einzel-)Täter angesehenen Holländer Martinus van der Lubbe zum Tode verurteilt und alle anderen – kommunistischen Verdächtigen aus anderen Ländern – aus Mangel an Beweisen freigesprochen. Bekannt sind die Bilder des vor dem Gericht breitbeinig stehenden und schäumend anklagenden Hermann Göring, des damaligen Reichstagspräsidenten.

In dieses System der parteilichen Rechtsauffassung und -praxis wuchs Roland Freisler hinein. Geboren am 30. Oktober 1893 in Celle in einer bürgerlichen Familie (der Vater Julius F. war Studienrat Dipl. Ing. und trug den damals in einer solchen Berufsstellung nicht unüblichen Titel „Gymnasialprofessor“), wurde er Schüler der humanistischen Gymnasien in Aachen und Kassel.[18] Nach dem Abitur begann er sofort, Ostern 1912, das Studium der Rechtswissenschaft in Jena. Nach dem Sommersemester 1914 unterbrach Freisler dieses Studium und meldete sich am 4. August als Kriegsfreiwilliger. Er wurde zunächst in Flandern eingesetzt, dort verwundet, dann im Sommer 1915 in Polen. Freisler wurde im Inf. Reg. 167 zum Fahnenjunker-Unteroffizier befördert und erhielt als Tapferkeitsauszeichnung (wie übrigens Hitler auch) das Eiserne Kreuz II. Klasse. Am 18. Oktober 1915 geriet Freisler in russische Kriegsgefangenschaft, „ohne Verschulden“, wie er in seinem Lebenslauf hervorhob. Dies ließ er damals auch noch eigens absichern durch die im Lebenslauf als Klammerausdruck beigefügte Bemerkung: „festgestellt durch Entscheid der 22. I. D. vom 1. 9. 1917 Nr. II 6287/8850“. Diese offenbar beabsichtigte Korrektheit ist etwas auffällig. Den im Krieg erreichten militärischen Rang gab er in dieser Quelle übrigens nicht an.

Die militärische Karriere Roland Freislers 1914/15 ist für einen damaligen Abiturienten und Studenten nicht bemerkenswert. Eher ins Auge sticht schon, dass Freisler bis zum Sommer 1920 in russischer Kriegsgefangenschaft blieb, „mehrere Jahre in Sibirien“, wie sein späterer Doktorvater Hedemann in seinem Promotionsgutachten schrieb.[19] Das sollte wohl etwas dramatisch klingen, passte aber nicht zu Freislers freiwilliger Verlängerung seiner Gefangenschaft. Er hätte nach dem Frieden von Brest-Litowsk 1917 in die Heimat entlassen werden können, blieb aber weiterhin in der damals neuen Sowjetunion. Dort lernte er fließend Russisch, „mit außergewöhnlicher Zähigkeit“, so wieder Hedemann. Hitler und Himmler werden Freisler später als Bolschewik verdächtigen. Der Vorwurf ist wohl nicht zutreffend. Richtig dürfte sein, dass Freisler sich durch das revolutionäre Geschehen in der jungen Sowjetunion angesprochen gefühlt hatte. Man muss aber festhalten, dass die einjährige Kriegsteilnahme und die fünfjährige z. T. freiwillige Kriegsgefangenschaft nicht recht zueinander passen.

Die Auffälligkeiten in Freislers frühen Lebensjahren werden noch deutlicher. Zum Wintersemester 1920/21 nahm er in Jena sein Studium wieder auf und legte bereits drei Monate später, am 4. Dezember 1920, sein 1. juristisches Staatsexamen ab (Note: „gut“). Knapp drei Monate später, am 28. Februar 1921, bestand er am Orientalischen Institut der Berliner Universität die Diplomprüfung in russischer Sprache, ebenfalls mit „gut“. Zwischenzeitlich, am 22. Januar 1921, meldete er sich in Jena zur Promotion. Das hat alles ein großes Tempo. Die Dissertation dürfte für unser heutiges Verständnis Freislers besonders interessant sein, sowohl in Thema und Inhalt wie auch in der unterschiedlichen Bewertung durch die beiden Gutachter.

Zunächst ein paar Worte zu Freislers Handschrift. Sie lässt sich mit Hilfe der Promotionsakte, die im Archiv der Jenaer Univer-

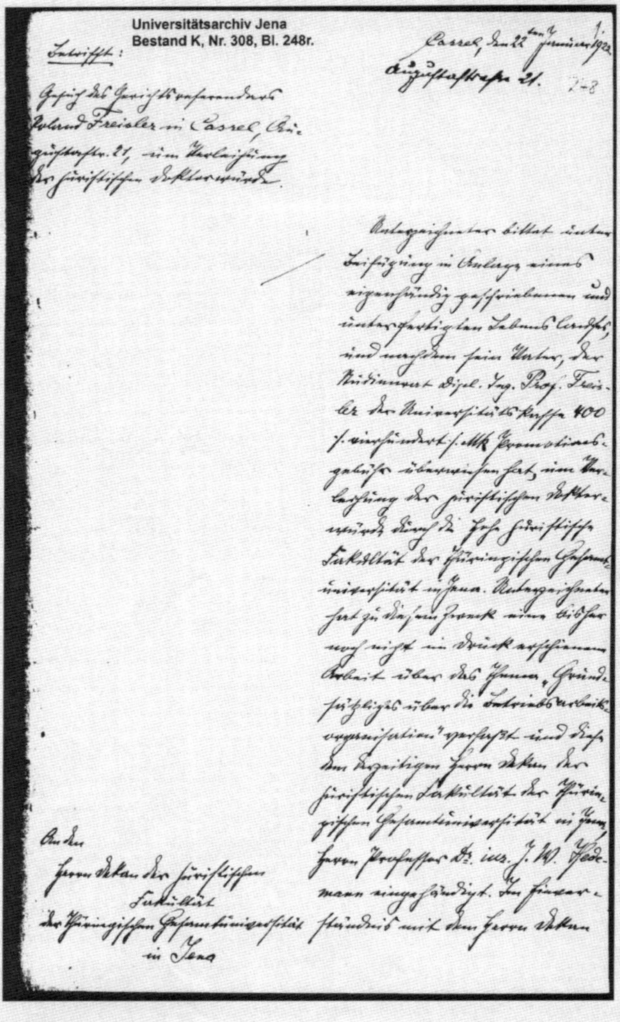

Universitätsarchiv Jena
Bestand K, Nr. 308, Bl. 248r.

Betrifft: Gesuch des Gerichtsreferendars Roland Freisler in Cassel, Augustastr. 21, um Verleihung der juristischen Doktorwürde.

Cassel, den 22ten Januar 1921.
Augustastraße 21.

Unterzeichneter bittet unter Beifügung in Anlage eines eigenhändig geschriebenen und unterfertigten Lebenslaufes, und nachdem sein Vater, der [illegible] Dipl. Ing. Prof. Freisler der Universitätskasse 400 (vierhundert) Mk Promotionsgebühr überwiesen hat, um Verleihung der juristischen Doktorwürde durch die hohe juristische Fakultät der thüringischen Gesamtuniversität in Jena. Unterzeichneter hat zu diesem Zwecke eine bisher noch nicht im Druck erschienene Arbeit über das Thema „Grundsätzliches über die Betriebsorganisation" verfaßt und diese dem derzeitigen Herrn Dekan der juristischen Fakultät der thüringischen Gesamtuniversität in Jena Herrn Professor Dr. iur. J. W. Hedemann eingehändigt. Im Einverständnis mit dem Herrn Dekan

An den Herrn Dekan der juristischen Fakultät der thüringischen Gesamtuniversität in Jena

Gesuch Roland Freislers um die Verleihung der juristischen Doktorwürde der Universität Jena vom 22. Januar 1921 (Teil 1)

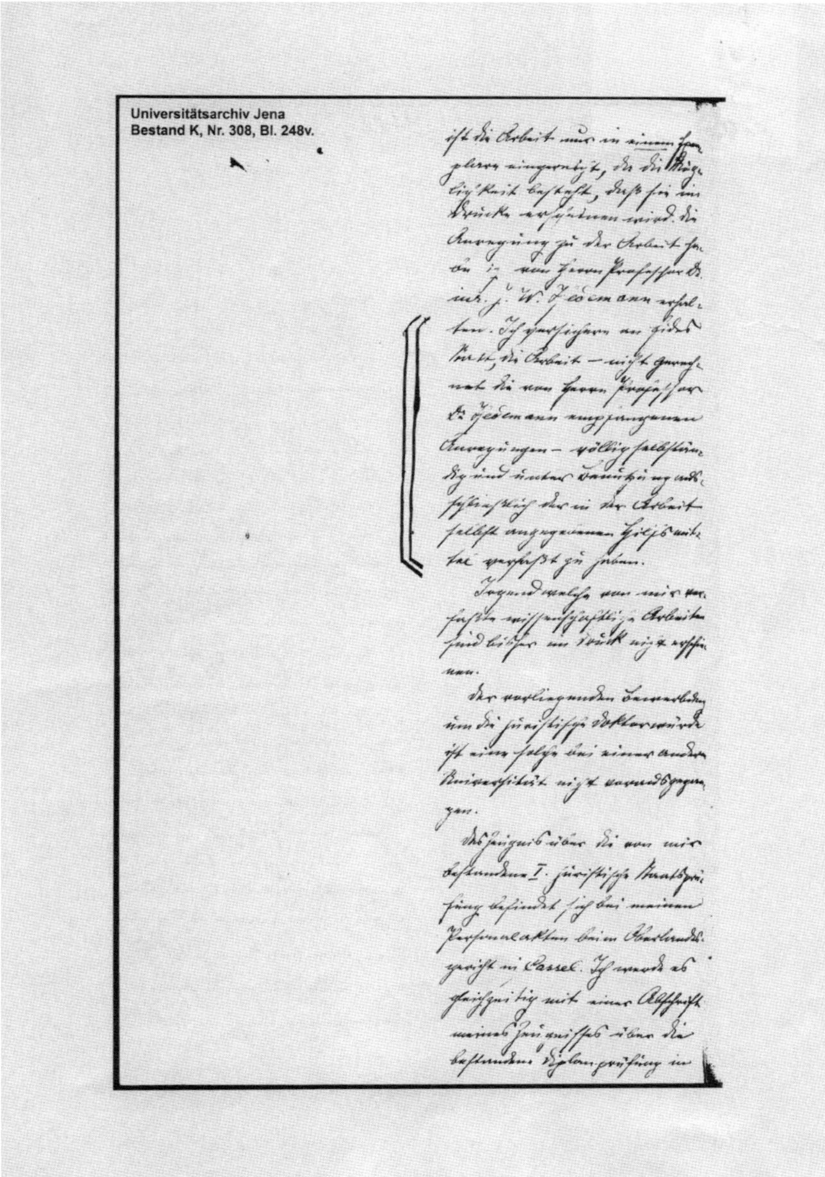

Universitätsarchiv Jena
Bestand K, Nr. 308, Bl. 248v.

ist die Arbeit nur in einem Exemplar eingereicht, da die Möglichkeit besteht, daß sie im Drucke erscheinen wird. Die Anregung zu der Arbeit habe ich von Herrn Professor Dr. jur. J. W. Hedemann erhalten. Ich versichere an Eides Statt, die Arbeit – nicht gerechnet die von Herrn Professor Dr. Hedemann empfangenen Anregungen – völlig selbständig und unter Benutzung ausschließlich der in der Arbeit selbst angegebenen Hilfsmittel verfaßt zu haben.

Irgendwelche von mir verfaßte wissenschaftliche Arbeiten sind bisher im Druck nicht erschienen.

Der vorliegenden Bewerbung um die juristische Doktorwürde ist eine solche bei einer anderen Universität nicht vorausgegangen.

Das Zeugnis über die von mir bestandene I. juristische Staatsprüfung befindet sich bei meinen Personalakten beim Oberlandesgericht in Cassel. Ich werde es gleichzeitig mit einer Abschrift meines Zeugnisses über die bestandene Diplomprüfung im

Gesuch Roland Freislers um die Verleihung der juristischen Doktorwürde der Universität Jena vom 22. Januar 1921 (Teil 2)

sität verwahrt wird, sehen und einschätzen. Freislers eigenhändig geschriebener Lebenslauf steht natürlich im Vordergrund der Betrachtung. Die Schrift ist klein, aber im Duktus klar, fließend und gut lesbar. Sie ist etwas eckig, kaum gerundet, eher steil und schräg nach rechts oben gerichtet. Sie hat keine anomalen Oberlängen – die sind eher kurz –, dafür aber deutliche und sehr gewollt wirkende Unterlängen, auch da, wo sie der Buchstabe gar nicht erzwingt. So zieht Freisler z. B. das „r“ am Schluss seines Namens immer stark nach unten. Graphologisch legen diese Kennzeichen den Charakter eines Menschen offen, der durchaus energisch ist, auch intellektuell scharfsinnig und zielbewusst sein kann, aber auch emotional gesteuert wirkt. Souveränität und Selbstständigkeit, ein besonderes geistiges Format und eine charakterliche Großmütigkeit, Zeichen einer in sich ruhenden und eher wägenden Persönlichkeit offenbart die Schrift nicht. Dazu ist sie zu demonstrativ gewollt. Man ist eher geneigt, eine Bereitschaft zur energischen, aber möglicherweise auch servilen Dienstbarkeit aus der Handschrift entnehmen zu dürfen. Musische Züge weist die Schrift Freislers ganz und gar nicht auf.

Zurück zur Dissertation. Doktorvater war Prof. Dr. Justus Wilhelm Hedemann, damals Dekan der juristischen Fakultät in Jena. Er stellte das Thema „Die zivilrechtliche Stellung der Betriebsvertretung“. Freisler änderte „in monatelangem Nachdenken“, so Hedemann in seinem Gutachten, das Thema in „Grundsätzliches über die Betriebsorganisation“. Das bedeutete eine bewusste Aktualisierung der Dissertation, denn das Betriebsrätegesetz war erst am 4. Februar 1920 verkündet worden und in Kraft getreten (RGBl I, S. 1479) Als Begründung seiner eigenständigen thematischen Neuausrichtung trug Freisler vor, „dass eine einseitige Abstellung (sc. des Themas) auf die ‚zivilrechtliche‘ Seite anfechtbar sei“. Es sei nämlich „das juristische Schwergewicht, der Persönlichkeitskern (im Gutachten unterstrichen), gar nicht in den Betriebsrat, also die ‚Vertretung', sondern in das Ganze der ‚Belegschaft' zu verlegen". Hedemann stellte die Veränderung des Themas als „sehr beachtenswerte wissenschaftliche Ergebnisse" heraus. Man müsse bei Freisler „seine ausgesprochen dogmatische Begabung" sehen und anerkennen, dass er „durch scharfes Nachdenken, sichere Überbrückung der Gesetzeslücken (sic!), äußerst besonnene Auswertung der Gesetzesmaterialien und sorgfältige, über öde Kasuistik sich erhebende Beobachtung der Praxis" zu seinen neuen Ergebnissen gekommen sei.

Die Argumentation enthält bewusst pejorative Teile („öde Kasuistik") dürfte aber wissenschaftlich haltbar sein. Jedenfalls kommt Freisler zu dem Ergebnis, es lasse sich aus dem Betriebsrätegesetz ableiten, dass jede Belegschaft eines Betriebes den Charakter einer Rechtspersönlichkeit habe, die durch jene Organe handle, die das BRG geschaffen hat. Das gänzlich neue Gesetz hatte ausdrücklich Rechte geschaffen „zur Wahrnehmung der gemeinsamen wirtschaftlichen Interessen der Arbeitnehmer dem Arbeitgeber gegenüber" (§ 1 BRG).

In diesen Passagen ist Freislers Dissertation modern, klug, verständlich und sprachlich flüssig geschrieben. Hedemann stimmte den Erkenntnissen seines Doktoranden zu und summierte: Freisler „begnügt sich im wesentlichen mit der Herausarbeitung eines einzigen großen Grundsatzes". Das war vom Gutachter richtig gesehen. Sehr selbstbewusst, häufig apodiktisch, so argumentierte Freisler in seiner Dissertation. Der neue Zeitgeist klang durchaus an. Freisler dachte keineswegs unpolitisch. Er, der noch nicht dreißigjährige stud. jur., wollte in seinem juristischen Denken ausdrücklich „in und mit unserer gärenden Zeit" gehen und „das Denken der Jetztzeit" (S. 5) aufgreifen. Die seit dem römischen Juristen Ulpian zu Beginn des 3. Jahrhunderts getroffene Unterscheidung zwischen dem öffentlichrechtlichen und dem privatrechtrechtlichen „Rechtskomplex"

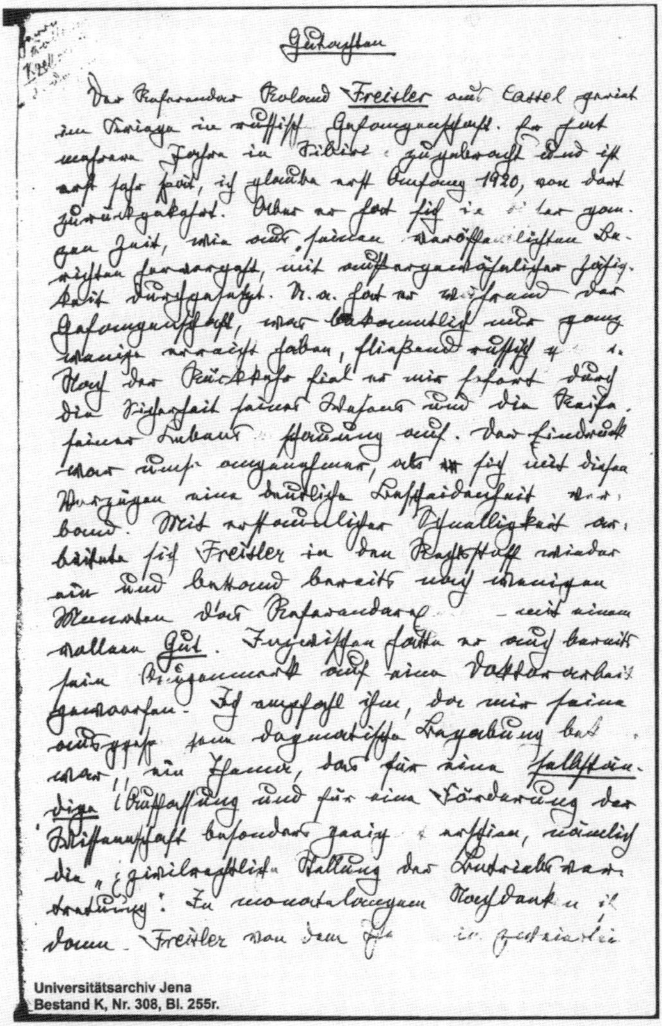

Gutachten

Der Referendar Roland Freisler aus Cassel geriet im Kriege in russische Gefangenschaft. Er hat mehrere Jahre in Sibirien zugebracht und ist erst sehr spät, ich glaube erst Anfang 1920, von dort zurückgekehrt. Aber er hat sich in der ganzen Zeit, wie auch seinen veröffentlichten Berichten hervorgeht, mit außergewöhnlicher Fähigkeit durchgesetzt. U.a. hat er während der Gefangenschaft, was bekanntlich nur ganz wenige erreicht haben, fließend russisch [illegible]. Nach der Rückkehr fiel er mir sofort durch die Sicherheit seines Wesens und die Reife seiner Lebensauffassung auf. Der Eindruck war umso angenehmer, als sich mit diesen Vorzügen eine deutliche Bescheidenheit verband. Mit erstaunlicher Schnelligkeit arbeitete sich Freisler in den Rechtsstoff wieder ein und bestand bereits nach wenigen Monaten das Referendarexamen mit einem vollen Gut. Inzwischen hatte er auch bereits sein Augenmerk auf eine Doktorarbeit geworfen. Ich empfahl ihm, der mir seine [illegible] für dogmatische Begabung [illegible] war, ein Thema, das für eine selbständige Auffassung und für eine Förderung der Wissenschaft besonders geeignet erschien, nämlich die „zivilrechtliche Haltung der [illegible]". Zu monatelangem Nachdenken [illegible] dann Freisler von dem [illegible] in [illegible]

Gutachten Prof. Hedemanns zur Dissertation Roland Freislers vom 17. Februar 1922 (Teil 1)

Hinsicht abgelegen. Er fand, daß eine einheit-
liche Abstellung auf die „zivilrechtliche" Seite
unhaltbar sei. Und das Weiterarbeiten kam
er mehr und mehr zur Überzeugung, daß
das juristische Schwergewicht, der Persönlich-
keitskern, gar nicht in den Betriebsrat,
also die „Vertretung", sondern in den Begriff
der „Belegschaft" zu verlegen sei. Das sind
sehr bemerkenswerte wissenschaftliche Ergebnisse,
zu denen der Verfasser, weitab von blo-
ßem Konstruieren in die Luft hinein, durch
scharfes Nachdenken, sichere Überbrückung
der Gesetzeslücken, kritisch besonnene
Ausnutzung der Gesetzesmaterialien und
sorgfältige, über öde Kasuistik sich er-
hebende Beobachtung der Praxis geführt
worden ist. Er begnügt sich im wesent-
lichen mit der Herausarbeitung eines
einzigen großen Grundsatzes, der oben an-
gedeutet ist. Die Weiterführung in die
einzelnen Konsequenzen, z. B. die Haftungs-
frage, überläßt er der nachfolgenden
Forschung. Das ist sein gutes wissenschaftliches
Recht und paßt durchaus zu dem ganzen
Charakter der Arbeit.

Ich schlage sie der Fakultät

<u>summa cum laude</u>

zur Annahme vor und beabsichtige sie, wenn
der Doktorand einverstanden ist, in ~~der~~ meiner
Instituts-Schriftenreihe zu veröffentlichen.

17. 2. 22. — Hedemann —

Gutachten Prof. Hedemanns zur Dissertation Roland Freislers vom 17. Februar 1922 (Teil 2) drängte Freisler an die Seite. Er sprach sich gegen jede „Kompromissnatur“ des Gesetzes aus und wollte – im konkreten Fall der Betriebsorganisation – einer eindeutigen, über allem stehenden Rechtspersönlichkeit das Wort reden. Nicht eine Vertretung, sondern die gesamte Belegschaft sollte die Maße setzende Rechtspersönlichkeit sein. Wer aber gab dieser amorphen Masse das Rechtsbewusstsein?

Der Nationalsozialismus wird das Betriebsrätegesetz von 1920 später, am 20. Januar 1934, durch das „Gesetz zur Ordnung der nationalen Arbeit“ (RGBl I S. 45) aufheben. Dabei wird der Begriff der „Belegschaft“ in den der „Gefolgschaft“ verändert. Von der Gefolgschaft zur Volksgemeinschaft ist es dann nur noch ein quantitativer Schritt. Freislers Dissertation ist auf dem Wege dorthin. Und seine Definition des Persönlichkeitskerns? Die unterließ er 1922, sein Doktorvater hielt sie dennoch für „das juristische Schwergewicht“ der Dissertation und urteilte: „summa cum laude“. Später, im Prozess gegen Helmuth J. von Moltke im Januar 1945, wird Freisler zu erkennen geben, dass der Begriff und das Verständnis dessen, was der Persönlichkeitskern und was die Gefolgschaft sein sollen, seine geistig-politischen Leitlinien geworden waren. Er hatte sie offenbar in der Dissertation 1922 gefunden. In den Prozessen gegen die Widerstandskämpfer des Dritten Reiches fand er als Präsident des VGH die Anwendungsmöglichkeit.

Der zweite Gutachter, Prof. Koellreuther, hat die Unzulänglichkeiten der Dissertation bemerkt. Er anerkannte einleitend und summarisch, dass Freisler „in seiner Arbeit eine weit über den Durchschnitt gehende Leistung“ böte, monierte aber im selben Atemzug Schwächen in Einzelheiten wie überhaupt im Ergebnis. Dazu gehöre die souveräne Missachtung der vorliegenden Literatur, vor allen Dingen der widerstreitenden. Mehr noch. Koellreuther wies bei Freisler ein unsachliches, oberflächliches, ja „zerflatterndes" Arbeiten nach. Dessen „ausgesprochene dogmatische Begabung" sah er als aufgesetzt an. Hier widersprach er ausdrücklich dem Doktorvater Hedemann. Freislers recht arrogantes Urteil, „das moderne Arbeitsrecht" lasse sich „mit den ‚aus der überlieferten Rüstkammer' stammenden Denkschablonen nicht mehr meistern", wies Koellreuther empört zurück. Für ihn war dies „ein scheußlicher Ausdruck". Dieser Gutachter erkannte richtig und verurteilte es, dass sich Freisler „zu allen neuen Errungenschaften wenig kritisch" verhalte und ganz offenbar einem „völlig neuen Zeitgeist" das Wort rede. Der schwerste Vorwurf lautete: Der Doktorand habe „das Wesen des Gesetzes" verkannt, seine Ausführungen seien deswegen „anfechtbar". Das kann man als ein Urteil werten, das die Dissertation formal in Frage stellt.

Der Zweitgutachter monierte nicht unwesentliche Punkte. Er hätte damit die Dissertation Freislers zurückweisen können, hätte dadurch aber auch gegen den vielleicht nicht ausreichend qualifizierten, auf jeden Fall oberflächlich urteilenden Dekan seiner eigenen juristischen Fakultät der Universität Jena, eben Hedemann, opponieren müssen. Dazu war Koellreuther aber offenbar nicht willens. Jedenfalls unterließ er es und machte mit dem etwas kläglichen Vorbehalt, er würde „ein Gesamtprädikat summa cum nur für gerechtfertigt halten, wenn auch das mündliche Examen völlig auf dieser Höhe ist", für sich einen Schlussstrich unter das Verfahren. Er war daraufhin beim Rigorosum gar nicht bestellter Zweitprüfer. Die Definition der „Höhe" oblag anderen. Freisler wurde so am 1. März 1922 von der Universität Jena mit „summa cum laude" zum „Dr. jur." promoviert – vielleicht ein Fehlurteil, das in das weitere Verhalten Freislers auf politischer und vor allen Dingen juristischer Bühne hineingewirkt hat.

Die „Sicherheit seines Wesens und die Reife seiner Lebensauffassung", die Hedemann im Gutachten an Freisler bemerkt haben wollte, waren Fehleinschätzungen. Es sei denn, man wollte die dogmatische Einforderung und Abhängigkeit einer Volksgemeinschaft von einer totalitären Ideologie unter dem neuen Rechtsbegriff „Persönlichkeitskern“ subsumieren. Freisler tat das und nannte dieses neue juristische Denken nach dem Titel seiner Dissertation: „Grundsätzliches über die Betriebsorganisation“. „Grundsätzliches“, wohl gemerkt. Welch ein frühes signum temporis! Am 10. Januar 1945 wird sich dieser Gedankenansatz zu einem Kreis schließen. Im Moltke-Prozess erklärte Freisler dem Angeklagten: „Nur in einem sind das Christentum und wir gleich: wir fordern den ganzen Menschen.“[20] Das war das Grundsätzliche.

Für seinen weiteren Lebensweg – eher sollte man einschränkend von seinem Berufsweg sprechen – waren durch die Dissertation die ideologischen und die gewünschten politischen Weichen gestellt. Freisler trat Anfang 1925 unter der Nr. 9.679 der NSDAP bei.[21] Hitler war damals gerade, am 20. Dezember 1924, vorzeitig aus seiner Landsberger Haft entlassen worden. Freisler wurde jetzt Rechtsanwalt für Strafrecht in Kassel. Seine forensische Begabung, eine durchaus geschliffene rhetorische und juristische Präsenz, ein ambitioniertes Karrierebewusstsein, dazu aber auch ein oft hektischer Übereifer und eine immer laute Agitation machten ihn schnell zu einer regionalen Parteiprominenz. Er wurde als der „rasende Roland“ angesprochen. Sechs Mal wurde er als Rechtsanwalt vor das Ehrengericht zitiert: 1924, 1929 und 1932.[22] In der „Disziplinarsache gegen Dr. Roland Freisler“ monierte das Gericht, Freisler benehme sich bei der Verteidigung seiner Klienten – man muss sie nationalsozialistische Rabauken nennen – „provozierend laut“, lasse „den Takt vermissen“, gerade in Äußerungen „über politische Gegner“, unterstütze Zeugen, die „parteipolitisch … in ziemlich großem Maße befangen“ seien, und begehe selbst eine „schwere Verletzung der Berufspflicht“ als Rechtsanwalt. Freisler wurde jeweils zu Geldstrafen zwischen 500,– und 1.000,– RM verurteilt. Er legte Berufungen mit entschuldigenden Verweisen auf seine Erregungen ein, konnte so die Geldstrafen teilweise in Wegfall bringen oder mindern, erhielt aber, was schlimmer war, „Verweise".

Bei seiner letzten Vorladung vor das Ehrengericht, 1932, suchte er dem Verfahren mit dem Hinweis auf seine parlamentarische Immunität zu entgehen. Freisler war am 24. September 1932 für den Wahlkreis 19 (Hessen-Nassau) in den Preußischen Landtag gewählt worden. Da die Anklage allerdings vor dem Beginn seiner parlamentarischen Karriere lag, war ein solcher Hinweis natürlich rechtsunwirksam – was Freisler hätte wissen müssen und sicher auch gewusst hat. Aber er verachtete offenbar schon 1932 das bestehende deutsche Rechtssystem. Seiner beruflichen Karriere tat das keinen Abbruch. Im Gegenteil, Freisler wurde bald nach der von Hindenburg am 30. Januar 1933 vollzogenen Machtübertragung an Hitler als Min.-Direktor ins Preußische Justizministerium berufen und dort zuständig für die Personalabteilung. Das war im Sinne des Rechtsstaates eine sehr gefährliche Ressortzuweisung, wenn auch natürlich von den Nationalsozialisten seit der ersten Position eines Landesministers aus ihren Reihen (in Thüringen 1929 mit Wilhelm Frick als Innenminister) sehr begehrt.

Schon vier Monate später, am 1. Juni 1933, wurde Freisler in diesem Ministerium zum Staatssekretär befördert. Jetzt war er Leiter der Sonderabteilung zur Bekämpfung der Sabotage. Natürlich ging es hierbei nicht um wirtschaftliche oder militärische Sabotage, sondern um die politische im Sinne des Regimes. Es ging um die Durchsetzung dessen, was gerade die Notverordnungen im Februar 1933 eingeleitet und ermöglicht hatten, nämlich die Ausgliederung und möglichste Fluchtveranlassung bürgerlicher, jüdischer, sozialdemokratischer und kommunistischer Beamter, Angestellter und anderer öffentlicher Personen. Freisler konnte als Staatssekretär im Preußischen Justizministerium das Thema seiner Jenaer Dissertation, „Grundsätzliches über die Betriebsorganisation“, in die politische Praxis umsetzen und dabei in seinen politischen Kreisen auf sich aufmerksam machen. Jetzt war Preußen der unter dem Begriff des „Persönlichkeitskerns“ grundsätzlich zu organisierende und zu kontrollierende Betrieb; kurz danach wurde es der ganze Staat, denn Freisler bekam zum 1. April 1934 die einflussreiche Position eines Staatssekretärs im Reichsjustizministerium. Das war eine überaus steile berufliche Karriere für einen damals gerade 40 Jahre alten Juristen. Seine Unterschrift änderte sich etwas. Sie wurde noch energischer, auch wuchtiger und vor allen Dingen großspurig, häufig mit einem in übermäßige Länge gezogenen „F“ schräg über die halbe Seite laufend.

Freislers Tätigkeitsfelder, Arbeitsmethoden und Ergebnisse in den beiden Ministerien, vor allen Dingen im Reichsministerium, müssen hier in den Einzelheiten nicht interessieren. Als familiär durchaus etwas auffällig kann man erwähnen, dass er 1928 die 18 Jahre jüngere Marion Russegger heiratete. Frau Freisler blieb politisch zurückhaltend. Sie wurde nie Parteimitglied. Nach dem Tode ihres Mannes nahm sie ihren Mädchennamen wieder an, zog sich ganz aus jeder Öffentlichkeit zurück und siedelte in ihre Heimat nach München über. Sie erhielt eine Witwengrundrente, außerdem eine Schadensausgleichsrente. Bei der Bemessung der Höhe wurde unterstellt, dass ihr früherer Mann Roland Freisler nach 1945 als Rechtsanwalt und Beamter des höheren Dienstes tätig geworden wäre. Das künstlich verlängerte Berufsleben eines verstorbenen Naziverbrechers zur Basis der Rente oder Pension zu nehmen war in der Bundesrepublik Deutschland dem Art. 131 GG geschuldet.

Ende 1937 bzw. 1939 wurden dem Ehepaar Freisler zwei Söhne geboren. Freisler war zu diesem Zeitpunkt bereits 43 und dann

45 Jahre alt. Die Familie bezog im vornehmen Berliner Stadtteil Dahlem eine Villa. Als er am 27. Juni 1939 für den Reichsorganisationsleiter der NSDAP den „Fragebogen der parteistatistischen Erhebung“ ausfüllen musste (s. o. S. 72f.), konnte er seine sehr niedrige Mitgliedsnummer 9.679 selbstbewusst und markant vermerken, auf die Auszeichnung mit dem goldenen Ehrenzeichen der NSDAP verweisen sowie auf seine vorbildlichen Mitgliedschaften in den Verbänden der Partei: NS-Lehrerbund, NS-Volkswohlfahrt, NS-Rechtswahrerbund, NS-Lehrerbund sowie Reichsluftschutzbund und Kolonialbund. Außerdem verfügte er über eine vollständige Partei-Uniformierung: schwarze Stiefel, hellbraune Diensthose, Jacke, Mantel und Mütze sowie einen „Leibriemen“. Auffällig, weil etwas kleinbürgerlich könnte sein, dass so ein Mann seine Mußestunden mit Briefmarkensammeln verbrachte. Rudolf Höß, der Lagerkommandant von Auschwitz, hörte gern Hausmusik – merkwürdige Passionen für Verbrecher.

Freisler muss seinen Vorgesetzten aufgefallen sein als juristisch fähig, fleißig und vor allen Dingen dem gewünschten totalitären Rechtsdenken verpflichtet. Das waren Eigenschaften, die das nationalsozialistische Regime benötigte. Im Januar 1942 wurde Freisler als Vertreter des Justizministeriums zur Berliner Wannseekonferenz hinzugezogen, wo es um den Holocaust der Juden ging. Er gehörte jetzt zum engsten Zirkel der Eingeweihten und Verantwortlichen.

Bald danach gab es Personalrochaden in der deutschen Justiz. Thierack, bisher der Präsident des VGH, wurde in der Nachfolge des verstorbenen Franz Gürtner Reichsminister der Justiz und zugleich Präsident der Akademie für Deutsches Recht. Dass Freisler die frei gewordene Ministerposition gern selbst gehabt hätte, darf unterstellt werden. Er war inzwischen auch Herausgeber des Kommentars „Deutsches Strafrecht“ geworden, also in der juristischen Fachwelt zu beachten. Aber offenbar galt er als nicht ministrabel. Thierack seinerseits wird in Kenntnis des Ehrgeizes von Freisler diesen lieber aus der Position eines Staatssekretärs in seinem Ministerium hinauskomplimentiert haben. Er wird es veranlasst haben, dass Hitler Freisler am 20. August 1942 zum Präsidenten des VGH ernannte.[23] Ein Mann, der noch nie in seinem Leben Richter war, wurde sofort Präsident und damit oberster Richter des politisch besonders herausgehobenen Volksgerichtshofes. Wohin würde das führen?

Thierack hatte durchaus Bedenken gegen Freisler. Er sprach sie in einem Brief an diesen am 9. September 1942 sehr offen aus: „Bei keinem anderen Gericht als beim VGH tritt so klar zutage, dass die Rechtssprechung dieses höchsten politischen Gerichtshofes mit der Staatsführung in Einklang stehen muss. Dabei wird es zum größten Teil bei Ihnen liegen, die Richter in dieser Richtung zu führen... Im allgemeinen muss sich der Richter des VGH daran gewöhnen, die Ideen und Absichten der Staatsführung als das Primäre zu sehen, das Menschenschicksal, das von ihm abhängt, als das sekundäre. Denn die Angeklagten vor dem VGH sind nur kleine Erscheinungsformen eines hinter ihnen stehenden größeren Kreises, der gegen das Reich kämpft. Das gilt vor allem im Kriege."[24] Das war wahrlich nicht die Empfehlung einer unabhängigen dritten Gewalt im Staat. Aber die wollte Freisler ohnehin nicht verkörpern. Insofern wird er Thieracks Brief an ihn als etwas unangemessen und vor allen Dingen als überflüssig empfunden haben.

Aber Thierack ging noch einen Schritt weiter. In Abschrift gab er dem Chef der Reichskanzlei, Dr. Heinrich Lammes, Kenntnis von seinem Brief an Freisler und fügte noch eine Erläuterung für sein Verhalten hinzu: „Ich hielt diesen Brief für erforderlich, einmal weil ich Pg Freisler, der noch nie ein Richteramt ausgeübt hat, helfen will und zum anderen, weil mir alles daran liegt, daß der VGH in seiner jetzigen anerkannten Stellung erhalten bleibt."

Eine solche Erklärung sollte die Kritik an der Kompetenz Freislers unausgesprochen lassen und dafür die Sorge um das Ansehen des VGH in den Vordergrund rücken. Für Lammers und damit auch für Hitler wird das Verhalten Thieracks durchschaubar gewesen sein. Hitler hat nie Freislers Wunsch um eine persönliche Vorsprache erfüllt.

Freisler seinerseits schrieb, ohne auf den Brief Thieracks an ihn zu reagieren – er wird ihn als eine Beleidigung aufgefasst haben –, am 9. Oktober 1942 eine Ergebenheitsadresse an Hitler.[25] Es ging dabei nicht um juristische Kompetenzen und fehlende Richterqualifikationen oder gar zu wahrende frühere deutsche Rechtstraditionen. Im Gegenteil, Freisler stattete Hitler als dem „obersten Gerichtsherrn und Richter des deutschen Volkes“ seinen Dank für die Ernennung ab. Er, Freisler, werde „treu und mit aller Kraft an der Sicherheit des Reiches und als Führer der Männer des Volksgerichtshofes“ arbeiten. In diesem Sinne habe er sich schon in die Belange des VGH eingearbeitet. Devot, makaber und absolut rechtswidrig klingt der Schlusssatz seines Schreibens an Hitler: „Der Volksgerichtshof wird sich stets bemühen, so zu urteilen, wie er glaubt, dass Sie, mein Führer, den Fall selbst beurteilen würden.“ Freisler unterschrieb: „In Treue Ihr politischer Soldat“. Der Brief war servil und schneidig zugleich. Als Dokument einer juristischen Unabhängigkeit ist er natürlich nicht zu werten. Freisler war innerlich ein kleiner Mensch, aber nach außen hin ein großer Fanatiker. Gerade die Prozesse nach dem 20. Juli 1944 werden zeigen, dass er ein kleingeistiger Wicht, aber ein großmächtiger Lump war.

Als Freisler bald nach diesem Brief an Hitler einen öffentlichen Vortrag über das neue deutsche Rechtsbewusstsein hielt, schrieb die „Deutsche Ukraine-Zeitung“ am 22. Oktober 1942 lobend[26]: Freisler sei „als Jurist und Nationalsozialist mit Nachdruck für die Erneuerung des deutschen Rechtslebens eingetreten“. Er habe „vor allen Dingen auf dem Gebiete des Strafrechts den Gedanken eines nationalsozialistischen Volksrechts vertreten“. Man dürfe jetzt Großes von ihm erwarten: „In seinem neuen Amte hat er also jetzt die Möglichkeit, das in die praktische Tat umzusetzen, wozu er als Staatssekretär und Präsidialmitglied der Akademie für Deutsches Recht selbst den Grundstein hat legen helfen“. Er werde „mit der Kompromisslosigkeit des alten nationalsozialistischen Kämpfers“ an seine richterliche Arbeit gehen. An der „Entschiedenheit seiner geistigen Haltung“ sei nicht zu zweifeln. Unverkennbar lassen sich mit diesem Zeitungsresümee von 1942 und der Dissertation von 1922 die Charakterzüge Freislers definieren.

Die sich inhaltlich noch fortlaufend erweiternde Diskussion über Paragraphen des Hoch- und Landesverrats (§§ 81–90 Strafgesetzbuch) boten dem Präsidenten des VGH weite juristische Möglichkeiten für die richterliche Arbeit. Damals wurden ganz neue Rechtsbegriffe eingeführt: Heimtücke, Wehrkraftzersetzung, Defaitismus, Verdunkelungsverbrechen, Liebe zum Führer. Damit konnten ab 1943 – erinnert sei an die Sportpalastrede von Josef Goebbels am 18. Februar dieses Jahres – auch harmlose Bemerkungen, Kritik, Skepsis, Witze vor den VGH gebracht und deren Verbreiter mit dem Tode bestraft werden. Ein solches Rechtsbewusstsein unterdrückte natürlich jegliche Opposition und machte ein freiheitliches Denken völlig obsolet. Auf den Litfaßsäulen der Städte plakatierte der VGH seine Bluturteile in roter Farbe. Uninformiert blieb kein Volksgenosse. Den richtigen Persönlichkeitskern mussten jetzt alle haben.

Nehmen wir ein einziges Fallbeispiel, bei dem eine eigentliche Marginalie zu einem juristischen Großfall hochgespielt wurde. Der recht junge, erst 27 Jahre alte Konzertpianist Karlrobert Kreiten hatte bei einem Gastspiel in Berlin im März 1943 im kleinen Kreis Zweifel am deutschen Endsieg geäußert und gesagt,

Hitler werde wohl demnächst „einen Kopf kürzer gemacht".[27] Er wurde denunziert. Der VGH zog das Verfahren an sich. Dessen 1. Senat fällte unter dem Vorsitz Freislers am 3. September 1943 das Todesurteil. Es wurde vollstreckt. Die Begründung lautete: Kreiten sei „eine Gefahr für unseren Sieg". Zustimmend schrieb der damalige Kolumnist beim Berliner ‚12-Uhr-Blatt', Werner Höfer, ein ehemaliger Klassenkamerad Kreitens – wir kennen ihn als späteren Leiter des Internationalen Frühschoppens bei der ARD –, Kreiten habe „statt Glauben Zweifel, statt Zuversicht Verleumdung und statt Haltung Verzweiflung gestiftet". „Es dürfte heute niemand dafür Verständnis haben, wenn einem Künstler, der fehlte, eher verziehen würde als dem letzten gestrauchelten Volksgenossen." Diese Einlassung Höfers wurde bereits 1971 bekannt. Der WDR schickte sein journalistisches Zugpferd aber erst nach längerer öffentlicher Diskussion in der nationalen und internationalen Presse Ende 1987 wohldotiert in Rente.

1943 fällte der VGH in 3.345 Verfahren 1.662 Todesurteile.[28] Das war nicht der Höhepunkt auf dieser Mordbühne. Der kam 1944. Das Gericht war inzwischen zweimal umgezogen. Seine erste Tagungsstätte vom 1. Juli 1934, unmittelbar nach der Gründung, war das Gebäude des Preußischen Landtags in Berlin gewesen. Von hier zog der VGH aber schon 1935 in das Gebäude des Königlichen Wilhelm-Gymnasiums in der Bellevuestr. 15, in unmittelbarer Nähe zum Potsdamer Platz gelegen, um. Nach einem Bombentreffer musste auch dieses Gebäude verlassen werden. Der VGH zog 1944 in das Kammergericht am Alten Botanischen Garten in Berlin-Moabit weiter. Der Vollständigkeit halber sei hier erwähnt, dass das Gericht nach dem letzten Bombentreffer am 3. Februar 1945 Berlin verließ und mit seinem für Hoch- und Landesverrat zuständigen Senat nach Bayreuth übersiedelte. Dort machten dann die einrückenden Amerikaner im März 1945 dem Spuk ein Ende.

Der Große Saal des alten Berliner Kammergerichts hat dem VGH die Rostra für die Prozesse gegen die Widerständler um den 20. Juli 1944 gegeben. Dieser Saal hat dem VGH zu einer makabren Bekanntheit in der juristischen Welt, aber mehr noch in der deutschen Öffentlichkeit überhaupt, damals schon und auch heute noch, verholfen. Das liegt auch am Medium Film. Die Prozesse gegen die Verschwörer des 20. Juli und nachfolgend gegen viele weitere enttarnte Widerständler wurden gefilmt. 50.000 Meter wurden aufgenommen – bei den prominenten Angeklagten (hier vor allen Dingen bei Goerdeler) auch mit Ton. Davon wurden nachfolgend vom Propagandaministerium 15.000 Meter herausgeschnitten und als Dokumentarfilm unter dem Titel „Verräter vor dem Volksgericht“ (190 Min.) zusammengestellt.

Goebbels hatte gleich vor Beginn des ersten Prozesses, am 7. August gegen GFM Erwin von Witzleben u. a., gefordert: „Das Strafgericht, das jetzt vollzogen werden muss, muss geschichtliche Ausmaße haben.“[29] Das haben diese Prozesse in der Tat auch erreicht – nur anders, als seine politischen Urheber und juristischen Handlanger es damals vermuteten. Der VGH ist mit diesen Prozessen ein extremes Fallbeispiel für eine desaströse Justiz und eine nur noch aus ihrem eigenen Untergang herausschreiende Politik geworden, aber auch für die Tapferkeit, das Rechtsbewusstsein und die Humanität der Vorkämpfer für ein wiedererstehendes freiheitliches Deutschland. Hier das Gebrüll, dort die stille Würde, hier die Entartung des Rechts, dort die Beharrung auf der deutschen Rechtstradition.

Hitlers Aussprüche vor den Verhandlungen: „kurzer Prozess“. „Die müssen sofort hängen.“ „Freisler wird das schon machen.“ haben sich erfüllt, das ja. Dafür war Freisler in der Tat der Garant. Er inszenierte ein gnadenloses Tribunal, hatte das Geschehen auf sich konzentriert (300 ausgesuchte Zuhörer waren nur Staffage), war Herr über Leben und Tod. Er war im Ton schneidend und brüllend zugleich, mit Vorliebe beleidigend und mit blasiertem Gesichtsausdruck. Beispielhaft dürften die Beobachtungen sein, die Moltke nach seinem Prozess seiner Frau über Freisler schrieb: „Er hieb auf den Tisch, lief an so rot wie seine Robe und tobte: ‚So etwas verbitte ich mir, so etwas höre ich mir gar nicht an.'"[30] Gern saß Freisler mit kerzengerade aufgerichtetem Rücken, seine Arme und Hände abstemmend gegen die Tischplatte gedrückt. Jedem Angeklagten fiel er nach eigenem Belieben ins Wort. Der Tonmeister der Filmaufnahmen konnte nur technisch ungenügendes Material erstellen, weil er den Ausgleich zwischen der schreienden Stimme Freislers und der leisen Stimme der Angeklagten nicht so schnell regulieren konnte.

Aber die Technik reichte dennoch aus, um gelegentliche Dialoge zwischen dem Vorsitzenden und einem Angeklagten aufzuzeichnen, so am 9. September 1944 im Prozess gegen Goerdeler u. a. Der an diesem Tag ebenfalls zum Tode verurteilte Rechtsanwalt Josef Wirmer brachte bei der Urteilsverkündung den Mut auf, dazwischenzurufen: „Wenn ich hänge, habe ich nicht die Angst, sondern Sie." Freisler schrie dagegen: „Bald werden Sie in der Hölle sein." Wirmer antwortete: „Es wird mir ein Vergnügen sein, wenn Sie bald nachkommen, Herr Präsident."[31] Welch ein Mannesmut vor dem Tyrannenthron!

Freisler jedoch war allem nahezu entrückt. Jetzt konnte er seinen „Persönlichkeitskern", die nationalsozialistische Uniformität der Volksgemeinschaft, coram publico einfordern und vorleben. Er glaubte, das Geschehende beurteilen zu müssen und zugleich Geschichte schreiben zu können. Ein solches Verlangen klang immer wieder durch, etwa am Beginn des ersten Prozesses dieser Prozesslawine nach dem 20. Juli 1944, als Freisler mit einer Stimme, die gleichzeitig schneidend artikulierte und vor Empörung tremolierte, erklärte: „Diese Anklage (sc. des Widerstands gegen Hitler) ist die ungeheuerste, die in der Geschichte des deutschen Volkes je erhoben worden ist.“[32] Das war durchaus richtig, aber es hatte ja in der deutschen Geschichte auch noch nie solche Verbrecher in roter Robe gegeben, wie Roland Freisler und sein „Oberster Richter“ Adolf Hitler es waren.

Die Todesurteile standen in der Regel schon vor dem Prozess fest. Ermessensspielräume wurden vom Präsidenten nicht genutzt, die Verteidiger in ihren Möglichkeiten eingeschränkt oder gar ausgeschaltet. Freisler zog allerdings auch Kritik auf sich. Sein Vorgesetzter Thierack, der gelegentlich, so bei dem Prozess gegen Goerdeler, im Gerichtssaal anwesend war, monierte in einem Brief an Martin Bormann (also an Hitler) am 8. September 1944 über die Prozessführung gegen Goerdeler, Leuschner u. a.: „Leider redete er (sc. Freisler) Leuschner als Viertelperson und Goerdeler als halbe Portion an und sprach von den Angeklagten als Würstchen. Darunter litt der Ernst dieser gewichtigen Versammlung erheblich.“[33] Natürlich, aber Freisler ging es ja gerade um die Beleidigung und die Vernichtung der Angeklagten, um seine forensische Schau, um sein politisch motiviertes Urteil, nicht um die Würde eines Angeklagten und des Gerichts, auch nicht um die juristische Selbständigkeit der deutschen Justiz, sondern um ihre willige Erfüllungshilfe für den nationalsozialistischen Staat.

Erinnert sei noch einmal an den Internationalen Militärgerichtshof in Nürnberg und seinen dritten Prozess, der am 17. Februar 1947 begann. Es ging um die Anklage der deutschen Justiz, exemplarisch vertreten durch 16 Juristen. Die allgemeinen Anklagepunkte waren „Kriegsverbrechen, Verbrechen gegen die Menschlichkeit und Organisationsverbrechen“. Die alliierten Richter nannten bei dieser Gelegenheit Freisler ausdrücklich „den düsteren, brutalsten und blutigsten Richter der gesamten deutschen Justizverwaltung“.[34] Das ist wohl zutreffend. Freisler war ein fanatischer Nazi-Richter, in kritikloser Hörigkeit Hitler verfallen, ein Kenner des neuen nationalsozialistischen Rechts mit scharfem Verstand, das wohl, aber auch ein mörderischer Jurist, ein diabolischer Psychopath, offenbar ohne ausgleichende Gemütsregungen und Beziehungen zu seiner Frau und seinen Kindern. Er entspannte sich mit dem Sammeln von Briefmarken zu Hause und verkörperte im Dienst die Radikalisierung des deutschen Rechts und die politische Inanspruchnahme der Waage der Justitia.

Die strafrechtliche Ahndung des Unrechts der NS-Justiz ist in der Bundesrepublik Deutschland gescheitert, schlimmer noch: Sie ist größtenteils unterblieben. Juristen des Dritten Reiches, auch belastete, haben nach dem Ende des Zweiten Weltkriegs ihre Berufskarrieren fortgesetzt. Der Art. 131 GG sah das ausdrücklich als Möglichkeit so vor. Auch die Leistung der ihnen oder ihren Hinterbliebenen zustehenden Versorgungsansprüche waren vom Staat ungeschmälert zu erbringen. Das Deutsche Richtergesetz vom 8. September 1961 sagte in § 116 über den Eintritt in den Ruhestand in Sonderfällen: „Ein Richter oder Staatsanwalt, der in der Zeit vom 1. September 1939 bis zum 9. Mai 1945 als Richter oder Staatsanwalt in der Strafrechtspflege mitgewirkt hat, kann auf seinen Antrag in den Ruhestand versetzt werden." Hinzuzufügen wäre: „ohne finanzielle Einbußen". Das galt, z. B., für alle Richter, Beisitzer und Staatsanwälte des Volksgerichtshofes. Das waren (unter Einschluss des nicht richterlichen Personals) über 500 Personen. Kaum einer der Angesprochenen hat diese Möglichkeit, vorzeitig in den Ruhestand versetzt zu werden, in Anspruch genommen.

Man darf in diesem Zusammenhang an einen Vorgang im Deutschen Bundestag erinnern. Es war ein schlimmer Fehler, den Bundeskanzler Konrad Adenauer beging, als er den DBT am 22. Oktober 1952 im Zusammenhang der Debatte über Restauration in der jungen Bundesrepublik (Parlamentarischer

Untersuchungsausschuss Nr. 47) aufforderte, nun „Schluss mit der Naziriecherei“[35] zu machen. Das ging nicht. Denn Demokratie, Gewaltenteilung, Menschenrechte, Toleranz, Humanität und Rechtsbewusstsein sind Werte, die auch durch eine ständige Rückbesinnung verteidigt werden müssen, um in jeder Gegenwart gültig sein zu können. Der nationalsozialistische VGH und sein Präsident Roland Freisler gehören deswegen immer wieder auf die Anklagebank, zumindest auf die Anklagebank unseres Gewissens.

5. Kapitel

„Das höre ich mir gar nicht an“ Der Prozess vor dem Volksgerichtshof

„Die Weste war noch warm von Dir.“ Freya von Moltke schrieb dies ihrem Mann am Nachmittag des 11. Oktober. Sie war im Gefängnis in Tegel zum Wäschetausch gewesen, nicht zu einer Begegnung. Die war nicht genehmigt worden. Aber im Wartezimmer zu sitzen, „alle meine Gedanken der Liebe zu Dir hinauf“ zu schicken, war doch ein sie beglückendes Erlebnis gewesen. Er aß derweil in seiner Zelle im vierten Stock „2 Honigbrote und viele Plätzchen“; er labte sich an der Butter, die er „seit dem 17. 8. nicht mehr bekommen“ hatte, an einem Pfirsich vom Kreisauer Spalierbaum und einem Apfel, der direkt vor dem Eingang des Berghauses geerntet worden war. Zur Entschuldigung seiner Essfreude gab Moltke einen einsichtigen Grund an: „Diese kurzfristigen Prolongationen des Lebens ersticken alle normalen Sparsamkeitstriebe.“

Die beiden Eheleute rechneten zu diesem Zeitpunkt nur noch mit sehr kurzfristigen Verlängerungen des Lebens. Freya war am 10. Oktober im Reichsjustizministerium gewesen und hatte im Büro des Oberreichsanwalts beim VGH, Ernst Lautz, erfahren, dass die Anklageschrift gegen ihren Mann bald herausginge. Sie möge „nächsten Dienstag wieder nachfragen“. Das wäre der 17. Oktober 1944. Sie habe sich auch, das hatte sie ihrem Mann bereits vorher geschrieben, mit dem Rechtsanwalt Rudolf Dix beraten, dem engsten juristischen Berater der Eheleute Moltke. Der habe gemeint, das Urteil würde nicht, wie Poelchau gesagt habe, schon vor der Verhandlung feststehen, sondern „erst auf Grund der Verhandlung gefunden“. Das war eher ein schlecht begründbarer Optimismus.

Über Freisler habe Dix eine konkrete, keineswegs jedoch eine für den Prozessverlauf günstige Meinung geäußert. Dix „halte ihn für den klügsten Mann der ganzen Republik“; er sei „ein Mordskerl und glänzender Verhandlungsführer“. Wer als Angeklagter nicht mit ihm auf gleicher geistiger Höhe stehe, den „zermalme er wie eine Boa constrictor ihr Opfer“. Freisler sei „sehr gebildet“, habe „überhaupt Niveau“. Er sei „ein match“, ein gleichwertiger Gegner für jeden Angeklagten von Format. Etwas verwundert über diese von Dix eingeholten Einschätzungen über Freisler, schrieb Freya ihrem Mann: „Ich dachte, er brüllt nur.“ Das war offensichtlich nicht der Fall. Dennoch wollte sie ihren Mann mutig machen und riet ihm, er solle sich „nur ja nichts gefallen lassen“. Und dann kam ihr kerniger Satz: „Wenn er brüllt, dann brülle wieder.“ Sie verwies ihm gegenüber zur Begründung auf seine Bedeutung: „Du bist ja jemand ...; du kannst, ja Du musst schon kühn sein, denn du stehst in Gottes Hand.“

Für den Rechtsanwalt Moltke gab es eine Dissonanz zwischen dem festen Glauben an Gott und der unsicheren Voreinschätzung des Prozessverlaufs. Vor dem VGH müssten, so seine Hoffnung, feste Verfahrensregeln gelten, Gesetze, Anklagepunkte, Verteidigungsmöglichkeiten, strenge juristische Dispute und – natürlich – der unberechenbare Freisler. Moltke kannte ihn bis dato weder persönlich noch aus Akten. Über seine Frau, den eigenen Pflichtverteidiger Wolfgang Hercher, den Gefängnispfarrer Harald Poelchau und schließlich auch das on dit unter den Mitgefangenen suchte er sich in den nächsten Wochen eine genauere Vorstellung zu bilden. Die Information, Freisler schätze nur juristisch gleichwertige Gegner, wird ihn mutiger gemacht haben. Das offenbart auch sein Verhalten im Prozess.

Mit mehreren Wochen bis zum Prozess rechnete Helmuth von Moltke Mitte Oktober 1944 nicht. Deswegen schrieb er am 11. Oktober den Abschiedsbrief an seine beiden Söhne Caspar und Konrad, erbat am Tage danach von seiner Frau eine schwarze Krawatte und ein Paar der schlechteren Manschettenknöpfe, da er sich ohne diese beiden Utensilien „unangezogen“ fühle. Auch entwarf er ein Gnadengesuch und schickte seiner Frau in dem großen Brief vom 21. Oktober die Quintessenz seiner Bibellesungen. Helmuth bat Freya: „Mein Herz, bete für mich für jene Stunden. Ich fürchte mich nicht, aber das menschliche Herz ist nun einmal schwach.“ Seine Frau tröstete ihren Mann: „Ich sollte Dir auch einmal sagen, wie ungezählte Menschen Deiner in Liebe, Liebe, Liebe und Freundschaft gedenken.“ Beide schrieben diese korrespondierenden Gedanken am selben 12. Oktober. Sie lesen sich wie die beide fesselnde Erwartung des unmittelbar bevorstehenden Prozesses.

Moltke versuchte jetzt, sich in das laufende Verfahren aktiv einzuschalten. Er hatte für den 17. Oktober ein Gespräch mit dem Chef der Gestapo im Reichssicherheitshauptamt, dem SS-General Heinrich Müller, dem er schon einmal in Ravensbrück begegnet war, erwirken können. Das hatte ihn „einen schwachen Schimmer einer Hoffnung“ erkennen lassen. Darauf gründete sein nachfolgendes Schreiben an Müller vom 18. Oktober. Kernpunkt war der auch von ihm als juristisch gewichtig eingeschätzte Vorwurf, von den Absichten des Goerdeler-Kreises gewusst, aber nichts davon gemeldet zu haben. Moltke argumentierte, die Polizeidienststellen hätten es ja ohnehin selbst gewusst. Hätte er sein damaliges Wissen offenbart, „fürchtete ich von einer Anzeige für mich eine sehr schwierige Lage, ohne dass der Schaden behoben würde“. Es sei damit – eine juristisch einsichtige, aber auch für Müller etwas schmeichelnde Wendung – „der moralische Vorwurf der Illoyalität Ihnen gegenüber natürlich nicht beseitigt“. Moralische Verfehlung ja, justiziables Vergehen nicht unbedingt. Zu dieser Verteidigungsstrategie scheint sich Moltke nach dem Gespräch mit Müller entschlossen zu haben. Er hielt sie bis zum Prozess im Januar 1945 durch.

Auch der zweite Teil der erwarteten Anklage bzw. prospektiven Verteidigung war eine Mischung aus Eingeständnis und Korrektur. Er, Moltke, habe auf die „Klärung von Grundsätzen“ hinwirken wollen, „nicht auf praktische Politik“. Im Brief an seine Söhne eine Woche zuvor klang das etwas anders. Moltke hatte hier offensiver, inhaltlich konkreter, unverstellter geschrieben, was er gewollt habe: „Ich habe mein ganzes Leben lang … gegen einen Geist der Enge und der Gewalt, der Überheblichkeit und der mangelnden Ehrfurcht vor Anderen, der Intoleranz und des Absoluten, erbarmungslos Konsequenten angekämpft.“ Er wollte, einmal durch die gewonnenen Einsichten motiviert, gegen die Barbarei des Nationalsozialismus politisch-programmatisch, intellektuell und konkret juristisch kämpfen. So dachte wohl der wahre Moltke. Wenig von dieser Härte und Klarheit, von dieser Zielgewissheit und Courage ließ sich im Prozess vor dem VGH verschleiern. Im Brief an Müller vom 18. Oktober verfolgte Moltke die – verständliche – Strategie der Abschwächung, der nur theoretischen Denkarbeit, wohl zwar des Eingeständnisses der Schuld, aber eben auch eines Versuchs der möglichen Rettung. Er gab Müller ein günstiges Stichwort. Er verwies auf seinen eventuellen Nutzen für die Gemeinschaft des deutschen Volkes. Die, die ihn richten wollten, sollten ihm (und damit auch dem Deutschen Reich) die Chance geben, „mir den Weg in die Gemeinschaft, sozusagen auf den (sic!) Nullpunkt, zurückzuverdienen“. Das könnte ein Gewinn für alle werden.

Das war ein durchaus überlegtes Argument, den Nullpunkt des eigenen Ansehens zuzugestehen, ja quasi als Kapitulation anzubieten und einen später möglichen Nutzen zu erwägen zu geben. Aber der Gedanke war heikel. Nationalsozialisten vom Schlage eines Heinrich Müller vielleicht, eines Heinrich Himmler, der ja als eigentlicher Adressat des Briefes zu denken ist, Ernst Lautz und in aller erster Linie eines Roland Freisler waren damit nicht zu beeindrucken. Diese wollten ja gar nicht über sich hinausdenken. Mackensen wäre vielleicht, so Moltkes Gedanke, als „der rangälteste Offizier" der deutschen Wehrmacht für ihn nützlich; aber mit seinen 95 Jahren?

Auch Wilhelm Keitel, der nach der verflossenen ersten Aktualität des Prozesses ins Gespräch der Moltkes kam und für eine Weitergabe eines Gnadengesuchs direkt an Hitler bedacht wurde, schied schnell wieder aus den Überlegungen aus. Freya schrieb ihrem Mann am 8. November, man habe in ihren Bekannten- und Verwandtenkreisen darüber nachgedacht: „Den Weg über Keitel fanden sie schlecht, sehr schlecht, er werde bestimmt gar nichts tun, teils zittern und teils ‚20. Juli brüllen'". Eine solche Meinung über den „Gummilöwen Keitel" hatte Moltke später auch. Im Oktober 1944 schien ihm der Plan zunächst erwägenswert zu sein, weil er als der Urgroßneffe des GFM Helmuth von Moltke sozusagen dessen „Kollegen und Nachfolger" Keitel anspräche. Schließlich war die Familie Moltke durch ihren Ahnen „an der Reichsgründung entscheidend beteiligt" (12./13. Nov.) gewesen. Aber Keitel war für einen solchen Gnadenweg nicht geeignet. Zwar bleibt sein letztes Wort vor dem Nürnberger Tribunal durchaus positiv in Erinnerung: „Ich habe geirrt! Ich war nicht imstande zu verhindern, was hätte verhindert werden müssen." Aber auf der anderen Seite gilt es, jenes Wort als ein Charakteristikum Keitels zu bedenken, das noch heute in dem Dorf Helmscherode bei Lamspringe auf dem Epitaph an der Wand der Patronatskirche seiner Eltern über ihn (und andere seiner Couleur) zu lesen ist:

„Der Feind hat gerichtet mit rächender Hand
Und streute die Asche weithin übers Land.
Dabei tat er grausam den harten Spruch:
‚Kein Ruhstatt zu haben, das sei Euer Fluch!
Nirgendwo finde man Kranz oder Stein
Wenn niemand Euer Grabmal kennt,
Bald keiner mehr Eure Namen nennt.
Gelöscht, getilgt aus des Volkes Sinn –
Ruchlose Asche fahr hin, fahr hin!‘

Und der Wind fuhr auf und trug sie fort
Und streute sie bald hier, bald dort.
Die rauschenden Wälder, die sanften Höhn,
Die silbernen Auen, der steile Grat,
Sie alle empfingen die seltsame Saat.
Und es raunt und flüstert landauf, landab:
Wo ist des letzten Helden Grab?
Ist es nirgends? – Nein, es ist überall!
Ganz Deutschland wurde ihr Ehrenmal.“

Diese urteilende Erinnerung an das Dritte Reich und ihre Machthaber – etwas in der Tradition der Ehrenmalgedichte nach dem Ersten Weltkrieg geschrieben – ist eine fatale Entgleisung der Familie Keitel von 1952. Helmuth J. von Moltke und all die heldenhaften Widerstandskämpfer gegen Hitler und seine Anhänger hätten einen – im Stil allerdings ganz anderen – Hymnus verdient, der die Erinnerung an sie „landauf, landab“ trüge.

Helmuth J. Graf von Moltke wusste die Chancen eines Gnadengesuchs politisch, juristisch und psychologisch richtig einzuschätzen und bildhaft wunderbar auszusprechen. Sie lägen „jenseits rationaler Möglichkeiten“ und wären von subjektiven Einstellungen abhängig: „Ist die gnadenhaft gewährte subjektive

Empfänglichkeit für die Gnade groß, dann erscheinen riesige Berge wie Maulwurfshügel, und wird einem diese Empfänglichkeit nicht gewährt, dann ist jeder Maulwurfshügel ein Montblanc."

Moltke wusste selbst um „diese gefährliche Gespaltenheit in der Mittelsphäre: sich zum Sterben bereiten und sich zum Kampf um das Leben bereiten". (12. Nov.) Beides hat er nicht aufgegeben. Dem Sterben galten die mit seiner Frau ausgetauschten Worte über den Glauben und die Liebe in aller erster Linie. Dem Kampf um das Leben galten die gedanklichen Vorbereitungen auf den Prozess und die Hinwendung zu möglichen Gnadengesuchen. Hier konnte man hoffen. Die paulinische Trias hatte sich damit vollendet: Glaube, Liebe, Hoffnung.

Noch einmal sei gesagt: Die Liebe ist die große Konstante, von keinem der Eheleute je angezweifelt, von beiden in allen Briefen immer mit größter Gefühlsintensität gelebt, mitgeteilt und erfahren. Der Glaube ist ein Anstieg, er setzt in den Briefen unmerklich ein, verdichtet sich aber immer mehr, wird zwischendurch von leisen Zweifeln angenagt, zum Schluss aber ein vibrierendes Credo. Die Hoffnung ist eine Welle. Sie richtet sich auf Möglichkeiten, den erwarteten Prozess vorwegzudenken und zu beeinflussen, seine Frau zu wichtigen Entscheidungsträgern zu schicken, Eingaben zu formulieren, Gnadengesuche vorzutragen, auf Möglichkeiten, den Prozess zu verschieben, gar die Hinrichtung hinauszuzögern, das rechtzeitige Heranrücken der Front als Lebensgunst zu bedenken. Alle Hoffnungen keimen, schwinden, keinem und schwinden wieder. Ihre auf- und absteigenden Wellen sind furchtbar. Alles, was dieser Hoffnung galt, das war Moltke völlig klar, musste man als einen „Schaum der Geschäftigkeit" (12./13. Nov.) sehen. Der Widerspruch war schwer zu ertragen. Alles, was er und seine Frau taten, war gleichgültig und musste doch mit aller Energie verfolgt und mit Verve vertreten werden, seien es die Wege über Freisler, den Reichsjustizminister Thierack, Himmler, Keitel oder auch den alten Mackensen. Die Chancen blieben eine Utopie, aber eine Apathie sollte es auch nicht geben. „Rational ist ganz klar, nicht nur, daß ich verurteilt, sondern auch dass ich hingerichtet werde." (9./10. Dez.) Dennoch und immer wieder: „Nur ein act of god kann hier helfen. Aber man muss diese dünnen Spinnwebfäden spinnen, das hilft alles nichts." (12. Okt.)

Konkret wurde dieser ständige Strom der Aktivitäten, als Moltke in seiner Zelle die 17 Seiten lange Anklageschrift durch seinen Pflichtverteidiger Hercher erstmalig vorgelegt bekam. Das geschah am Samstag, den 2. Dezember 1944. (5. Dez.) Moltke konnte das für ihn ausschlaggebende Dokument zunächst nur in aller Eile „überfliegen". Er glaubte sich aber sofort in der Beurteilung sicher zu sein: "... es steht so viel vollkommener Unsinn drin". Er frohlockte gar, die Anklage sei ein „Wunder, denn der Angriff liegt vollkommen falsch". Vorgeworfen werde ihm, er habe die Gruppe Beck-Goerdeler sprengen wollen, um sich an die Stelle Goerdelers setzen zu können. Das sei unwahr und er könne es widerlegen. Besser noch: Der Vorwurf des Hochverrats sei „eigentlich ... bereits aufgegeben". Folglich bliebe nur Defaitismus.

Moltke war etwas erregt. Gab es vielleicht eine reale Chance für ihn? „Die Anklageschrift ist ein Wunder" wiederholte er im Brief an Freya vom 6. Dezember noch einmal. Der Anwalt des mitangeklagten, für denselben Prozess vorgesehenen und in derselben Anklageschrift mitangesprochenen Joseph Ernst Graf Fugger von Glött habe diesem, seinem Mandanten, Mut gemacht. „Wenn Freisler nicht einen schlechten Tag hätte und einen menschlichen Kontakt zu Angeklagten oder Verteidigern bekäme, dann könne er (sc. der Anwalt) nicht sehen, wie auch nur ein Todesurteil aus dieser Anklage herauskommen könne." Also auch nicht für Moltke? Dieser blieb skeptisch und damit realistisch: „Mit dem Wunder der Anklageschrift", das schrieb er seiner Frau am 7. Dezember, „haben sich die Chancen gebessert, aber immer nur von 1 : 1000 auf 1 : 100."

Freya suchte natürlich ihren Mann in dessen keimender Zuversicht zu stärken: „Ich weiß, dass Du vielleicht sterben musst, aber ich weiß, dass Du vielleicht auch gerettet werden kannst." (8. Dez.) Er müsse die Chance nutzen: „Dass Freisler Dein Herr ist, kommt aber gar nicht in Frage." Aber sie wusste natürlich auch und sprach es deutlich aus: „Grundsätzlich ist das Urteil eben gefällt, ehe es anfängt." Ihr Mann schätzte das auch so ein und wusste, dass es auf die Argumente gar nicht ankommen würde, zumal diese ja „im Subjektiven liegen". Politische und juristische Argumente seien da „fast bedeutungslos". Der Prozessverlauf wird beweisen, dass diese Einschätzung Moltkes richtig war. Viel entscheidender als Argumente sei „die Laune des Herrn Freisler" (8./9. Dez.) Für diesen und all die anderen Systemträger sei doch der Widerstand „ein ganz großer Misthaufen".

Der Prozesstermin war jetzt für den 17. Dezember vorgesehen. Moltke war konzentriert und ruhig. Er las morgens den OKW-Bericht, ansonsten über den Tag hin nur Bibel und Gesangbuch. Obwohl ihm seine Uhr abgenommen worden war, hatte er ein ungefähres Zeitempfinden behalten. Gegen Abend schrieb er täglich seiner Frau. Diese Tageszeit war dafür günstig, denn um 17.00 Uhr gab es Abendbrot „und ab 6 ist es ganz still". Irgendwann, so „gegen ½ 9" lege er sich zum Schlaf auf seine Pritsche. „Und von da bis ½ 6 schlafe ich jetzt durch." Die Gelassenheit war phänomenal. Er lebte doch, in seinen eigenen Worten, „in der real empfundenen Gegenwart des Todes" (12. Dez.)

Der Termin wurde noch einmal verschoben. Am 13. Dezember erfuhr Moltke durch Poelchau, dass der Termin „nicht 19. oder 20." sei, „sondern 19. und 20." Dezember. Die Nuance, die man zunächst zu überlesen geneigt ist, war für den Angeklagten eine „Sensation". Der VGH wollte in der „causa Moltke" nicht einen, sondern zwei Tage verhandeln. Offenbarte das vielleicht die sich abzeichnende Chance eines Dialoges vor den Schranken des VGH? Dann wurde ihm die nochmalige Verlegung des Prozesses auf den Januar 1945 („nicht vor dem 8.“) mitgeteilt. Waren das nicht alles Zeichen der Unsicherheit des Reichsanwalts Lautz und des Präsidenten Freisler?

Moltke bekam kurz vor Weihnachten ganz offiziell und für ein ausreichendes Studium die Anklageschrift ausgehändigt. Eine Abschrift des Anfangs gab er an Freya weiter (18. Dez.) Dadurch ist zumindest dieser Teil erhalten, während die vollständige Anklageschrift (17 Seiten) bisher archivalisch nicht nachweisbar ist. Lautz hatte durch die Vorermittlungen den Charakter und die Tätigkeit Moltkes richtig durchschaut. Die ersten Zeilen, natürlich in nationalsozialistischer Denk- und Sprechweise formuliert, belegen das schon:

„Graf Moltke, der auf Grund starker kirchlicher Bindungen und infolge skurril gemischter föderalistischer, teils reaktionärer, teils marxistischer Ansichten seit jeher Feind des n. s. Reichs und seit Jahren hemmungsloser Defaitist ist, verstand es schon seit 1940, eine Reihe von Staatsgegnern verschiedener Richtungen an sich heranzuziehen. Dieser Kreis setzte sich aus Vertretern der Adelsschicht wie Yorck, Schulenburg, Schwerin, Haeften, Trott, Einsiedel, Trotha und Husen, ferner aus Geistlichen beider christlichen Konfessionen wie Delp, König, Rösch, Gerstenmaier und aus dem kirchlich stark gebundenen Steltzer, wie aus alten Marxisten und Gewerkschaftsfunktionären wie Mierendorff, Leuschner, Maaß, Reichwein, Haubach und anderen zusammen. Von Moltke versammelte seine politischen Gesinnungsfreunde in den Jahren 1941 bis 1943 wiederholt zu oft mehrere Tage dauernden Versammlungen auf seinem Schloss in Kreisau um sich, wo dann zahlreiche politische Fragen in bewusster Gegnerschaft zum N. S. und in betont defaitistischer Haltung erörtert wurden…

In allen diesen der Zahl nach nicht mehr feststellbaren Zusammenkünften propagierte v. M. unentwegt den Gedanken, dass Deutschland den Krieg mit Sicherheit verlieren und damit der Führer und der N. S. beseitigt werden würde…"

Die Gestapo hatte den von ihr so genannten Kreisauer Kreis personell weitgehend enttarnt und zutreffend durchschaut, dass im schlesischen Schloss „zahlreiche politische Fragen in bewusster Gegnerschaft zum N. S. und in betont defaitistischer Haltung erörtert" worden seien. Die Urteilsbegründung wird später diesen Anklagepunkt verschärfen und darauf verweisen, dass der preußische Staat Kreisau dem GFM Moltke für seine Verdienste um die militärische Gründung des Deutschen Reiches geschenkt habe. Und was habe der Urgroßneffe aus so einer Dotation gemacht? Ein Widerstandsnest gegen das Deutsche Reich. Der Nationalsozialismus dachte natürlich in den Grenzen seines Systems, keineswegs preußisch. Das begründet diesen historischen Verweis.

Lautz hatte richtig erkannt, dass Moltke und sein Kreisauer Kreis von der baldigst erwünschten militärischen Niederlage Deutschlands ausgingen, die den Nationalsozialismus und Hitler dann beseitigt sähe. Dafür hätten sie „neue Ordnungselemente" diskutiert. Moltke wies das im Brief an seine Frau vom 18. Dezember als „Schmarrn" zurück. Diese Einschätzung war etwas widersprüchlich zu Moltkes sonstigen Urteilen über seine eigene Widerstandstätigkeit. Die Anklagepunkte waren keineswegs als „Schmarrn" einzuschätzen. Die in den 30er Jahren in das Strafgesetzbuch neu aufgenommenen Straftatbestände Hochverrat und Defaitismus (§§ 80–90) trafen auf das Verhalten Moltkes natürlich zu. Er selbst war immer davon ausgegangen. Dementsprechend sah er am Heiligen Abend 1944 im Brief an seine Frau seine Rettung nur „mit der winzigen Chance im menschlichen Bereich" begründet, nicht in der Sache also. Er meinte hoffnungsvoll, das könne die Rettung „heute höher als 1 %" einschätzbar machen (29./20. Dez.).

Im letzten vorbereitenden Gespräch mit seinem Rechtsanwalt tat dieser erstmals gegenüber seinem Mandanten diese Einschätzung über den Mann kund, auf den alles ankäme: „Freisler ist begabt, genial, sehr feinfühlig, aber nicht klug." Das sollte wohl verstehbar werden lassen, dass Freisler im nationalsozialistischen System gefangen wäre und nicht darüber hinaus zu denken vermöchte. Es war der entscheidende Nachteil für Moltke, der ja gerade über das Dritte Reich hinausdenken wollte und hinausgedacht hat. Dennoch, so Herchers Abschiedswort an der Zellentür: „Wir werden es versuchen." (Moltke an Freya 5./7. Jan.) Freya und Helmuth hatten sich noch ein letztes Mal am 6. Januar 1945 für eine halbe Stunde treffen dürfen: „vielleicht unser letzter Blick auf dieser Welt". So urteilte Helmuth (6. Jan.) „Du bist das Glück meines Lebens, Du bist mein Reichtum, du bist mein Leben. Was wäre ich ohne Dich!", so Freya zu ihm (6. Jan.).

Brigitte Gerstenmaier, die Frau des im selben Prozess mit Moltke angeklagten Außenamtsvertreters der EKD Eugen Gerstenmaier, habe sie angerufen, schrieb Freya am 8. Januar. Sie habe „wieder von dieser scheußlichen Kartenlegerin gehört…, Ihr würdet beide durchkommen, wenn es auch äußerst gefährlich und äußerst kippelig sei". Ja, so möchte man diesen Ruf nach der Magie kommentieren: Was wäre denn von einer Kartenlegerin auch anderes zu erwarten gewesen? Freya hielt mit dem Denken und Glauben ihres Mannes dagegen: „Mein Vertrauen liegt beim lieben Gott." Und ihrem Mann sprach sie Mut zu mit diesem, seinem Schlusssatz vom 8. Januar 1945: „Leben wir, so leben wir dem Herrn, sterben wir, so sterben wir dem Herrn. Darum wir leben oder sterben, so sind wir des Herrn."

Am Morgen des 9. Januar 1945 begann der Prozess gegen Moltke u. a. vor dem VGH. Eine gute halbe Stunde benötigte ein Wagen, um vom Norden Berlins (Tegel) bis in die Mitte der Stadt zum Kammergericht zu fahren. Das Gebäude war imposant.

Wer es durch den Haupteingang betrat (Moltke und die Angeklagten überhaupt mussten es wohl durch einen Nebeneingang betreten), musste schon von der Architektur beeindruckt sein. Das war Absicht.

Auf dem Gelände des früheren botanischen Gartens hatten die Bauräte Paul Thoemer und Rudolf Mönnich in vierjähriger Bauzeit das Kammergericht, das oberste Berliner Gericht, fertig gestellt. Die Baukosten hatten damals 4,2 Mill. RM betragen. Es war ein Zentralgebäude entstanden mit zwei seitlichen, etwas zurücktretenden Flügeln. Der Stil war ein norddeutscher Neobarock. Eingeweiht worden war das Gericht ein Jahr vor Beginn des Ersten Weltkriegs, am 18. September 1913. Das Hauptportal war nicht an der Straße (heute Elßholzstraße), sondern rückwärtig zum Kleistpark gelegen, ausgerichtet auf die dorthin verbrachten barocken Königskolonnaden, die ursprünglich, von Carl von Goutard 1777–1780 geschaffen, in der Königstraße am Alexanderplatz gestanden hatten.

Die gewollte äußere Größe wurde im Innern durch die große Mittelhalle aufgenommen. Durch vier Geschosse hinaufragend, wird sie von einer zwar flachen, aber doch erkennbar kuppelartigen Decke abgeschlossen. Deren 17 m Spannweite konnten nur mit der damals technisch und industriell möglich gewordenen Stahlbetonkonstruktion gestaltet und gehalten werden. Die nahezu gleichzeitig gebaute Breslauer Jahrhunderthalle wäre ein weiteres Beispiel dieser damaligen architektonischen Moderne. Das Lungensanatorium „Schatzalp Hotel“ oberhalb von Davos, wo Thomas Mann seinen Roman *Der Zauberberg* angesiedelt hatte, ist ein ebenfalls aus Stahlbeton gebautes und bemerkenswertes Gebäude; dies wurde allerdings schon 1900 eingeweiht. Die eine Generation vorher in Deutschland gebauten Rathäuser in Hannover oder Leipzig wären keine Zeugen dieser Moderne. Monumental und imposant war die große Mittelhalle des Berliner

Kammergerichts. Die Treppenaufgänge zum ersten Stock sind mittig angelegt, die weiteren bis zum vierten Stock seitlich versteckt. Umgänge in jedem Stockwerk lassen jedem Besucher den Hallencharakter des Gebäudes bewusst werden.

Die Monumentalität des Gebäudes insgesamt sollte um 1900 die Bedeutung der dritten Gewalt im Staat, der Judikative, ausdrücken, sowie das von 1884–1894 von Paul Wallot gebaute Reichstagsgebäude am Berliner Brandenburger Tor die Bedeutung der Legislative demonstrierte. Die Anlehnungen an die Neorenaissance hier und an das Barock dort waren dafür die architektonischen Stilmittel. Die erhabene Halle des Gerichts konnte die Bedeutung und die Großartigkeit des Rechts und der damaligen preußisch-deutschen Rechtsstaatlichkeit bewusst werden lassen. Ihre Architekten Mönnich und Thoemer waren damals die Erbauer weiterer preußischer Gerichte im deutschen Kaiserreich um 1900. Trotz dem baulichen Prunk und der imposanten Mittelhalle hatte das von ihnen gebaute Kammergericht einen nüchternen funktionalen Zweck zu erfüllen.

Das brachten die Räume (es waren ursprünglich 450) zum Ausdruck, besonders der hier interessierende „Große Sitzungssaal". Ihn nutzte der VGH seit dem 7. August 1944 als Schaubühne seiner Prozesse gegen die Widerstandskämpfer ihres Staates. Der noch heute unverändert erhaltene Saal, auf der Frontseite des Gebäudes gelegen, hat überschaubare Proportionen. Er ist ca. 23 m lang, 11 m breit und damit etwa 235 qm groß. Man betritt ihn im ersten Stock durch zwei Türen von der Halle aus und blickt durch drei direkt gegenüber liegende große Rundbogenfenster und zwei kleinere rechts und links davon auf den Eingangsbereich des Kammergerichts und die beiden dort vorgelagerten Königskolonnaden. Wiederum den Fenstern gegenüber, zwischen den beiden Türen, ist eine kanzelartige Loge, muschelförmig gestaltet, die sog. Kaiserloge, angebracht. Wilhelm II. hat sie nie betreten.

Getragen wird der Saal an seinen vier Ecken von je zwei eisernen Säulen. Heute stehen in dem vom Gericht benutzten Saal etwa 200 Stühle. Bei engerer Bestuhlung, wie bei den VGH-Prozessen notwendig, wären bis zu 300 Sitzmöglichkeiten zu schaffen. Eine gewisse Enge und sicher eine zunehmend schlechter werdende Luft sind als Folgen zu bedenken.

Die künstlerische Gestaltung des Saales ist zurückhaltend, aber überlegt. Der großen Fenster wegen ist der Raum hell. Der beige-graue Wand- und Deckenstuck hat nur leichte Applikationen. Die in Kassetten geteilte Decke hat in der Mitte größere Aussparungen für mehrteilige Malereien. Allegorische Frauengestalten sollen Wahrheit, Gerechtigkeit und Freiheit symbolisieren. Die Szene direkt über dem Richtertisch ist, bezieht man sie gleich auf Freisler, von großer Aussagekraft. Ein im Oberkörper unbekleideter älterer Mann erklärt einem lässig gekleideten Jugendlichen mit weisender Armgeste nicht genannte Inhalte. Albert Maennchen, der Künstler dieser Szenen, ein gerade in Berlin zu jener Zeit stark engagierter Vertreter der dekorativen und monumentalen Malerei, könnte, wie jeder Betrachter, z. B. an jenen Eliezer denken, den Thomas Mann in seiner Tetralogie „Joseph und seine Brüder“ den noch jungen Joseph unter einem ägyptischen Granatapfelbau unterrichten lässt[36], oder auch an den Griechen Sokrates, der auf der Athener Agora einen Jugendlichen befragt, z. B. Glaukon in Platons *Staat* über die Gerechtigkeit. Bei Freisler und seinen Beisitzern wird man solche Assoziationen eher nicht voraussetzen dürfen. Oder doch? Schließlich war Freisler auf zwei humanistischen Gymnasien unterrichtet worden.

Das ovale Medaillon im Rücken des Richtertisches zeigt einen sitzenden weiblichen Akt, das Gebälk stützend. Die Richter und die Teilnehmer der Prozesse mussten darüber nicht sinnieren, denn eine Hakenkreuzfahne verdeckte diese Szene. So war auch kein Nachdenken gefordert über die reine, unbefleckte, unverstellte, unbekleidete Justitia (das Recht ist grundsätzlich nicht verkleidet). Die beiden Engel, die ihr rechts und links den Lorbeerkranz als Siegespreis für die gefundene Gerechtigkeit verleihen, konnte und musste die versammelte nationalsozialistische Entourage ebenfalls nicht sehen. Als pikant könnte noch jener schlummernde Frauenakt verstanden werden, der vorne links über jener Tür angebracht ist, durch die Freisler immer energischen Schrittes eintrat. Die den Kopf stützende rechte Hand, die mit einem Knoten gehaltenen Haare, alles spricht Nachdenklichkeit, Besinnung, auch Besonnenheit aus. Die gab es 1944/45 an diesem Ort allerdings nicht.

Die Deckenbeleuchtung ist noch der Erwähnung wert. Ursprünglich, 1910, war eine Gasbeleuchtung vorgesehen; es wurde aber eine elektrische hier im Kammergericht erstmals in einem öffentlichen Gebäude installiert. Die für die Glühlampen benötigten Wolframfäden sind heute nicht mehr gebräuchlich.

„Einmal muss der Biss in den Apfel gewagt werden", so schrieb Helmuth seiner Frau am 1. Januar 1945. Die Wirkung des Gebäudes, der großen Mittelhalle und dann des Saales auf die Angeklagten muss – gewollt – einschüchternd gewesen sein. Die große Helligkeit blendete sie, die große Enge bedrängte sie, der kleine Platz vor dem Richtertisch isolierte sie. Es gab keine Zeit, keine Muße, keine Konzentration zur Betrachtung der Bildmotive. Demonstrative Staats- und Machtsymbole forderten ihre alleinige Beachtung, die roten Roben der Richter, die rote Fahne mit dem schwarzen Hakenkreuz im weißen Feld und schließlich die mittig hinter den Richtertisch gestellte bronzene Hitlerbüste. Nicht der Kaiser in der Loge an der linken Seitenwand hörte zu, sondern Hitler mit dem strengen Blick sprach sein (Un-) Recht.

Wie standen die Chancen des schlesischen Grafen Helmuth J. von Moltke, als er am 9. Januar 1945 hierher ins Berliner Kammergericht vor den VGH gebracht wurde? 1:1000, 1:100 oder

„höher als 1 %"? Das waren seine eigenen Prognosen. Die sich verbessernde Tendenz in der Vorhersage war irreführend. Das wusste auch Moltke. Die ihm von seiner Frau, seinem Pflichtverteidiger Hercher und seinem Freund, dem Gefängnispfarrer Poelchau, zugetragenen sachlichen Urteile und charakterlichen Einschätzungen des Richters Freisler waren übereinstimmend negativ. Darin waren sie zutreffend.

Freisler war immer ein nationalsozialistischer Ideologe und selbst als Anwalt früher ein Rabauke gewesen. Er war ein personifiziertes Missbündnis zwischen Recht und Macht eingegangen. Die Tage des Nationalsozialismus wollte er denen der Weltschöpfung gleichsetzen. Richtererfahrungen besaß er nicht. Schon im Alter von 30 Jahren hatte er als Angeklagter vor dem Ehrengericht erscheinen müssen. Die ihm vorgehaltenen Delikte waren alle von ideologischer Verblendung und anwaltlichem Fehlverhalten bestimmt. Das war so in der „Strafsache wegen Bedrohung und Beleidigung" am 20. März 1924 gewesen, als er sich parteiisch gegen den Anwalt und gegen einen Nebenkläger der anderen Seite äußerte: „Wir Folgmannen Hitlers stehen auf dem Standpunkt, dass ein Jude nicht Gegenstand einer Beleidigung sein kann."[37] Man bedenke: Das sagte Freisler 1924 vor einem unabhängigen preußischen Gericht! Es waren insgesamt sechs Prozesse in acht Jahren, in denen Freisler jeweils vor dem Ehrengericht verurteilt wurde, wegen Pöbeleien auf der Straße, wo er das Reichsbanner als „Mosesgarde" beschimpft hatte, wegen Beschimpfungen vor Gericht, wo er Stadtverordnete für die „schamlose Pleite der Schieberrepublik" verantwortlich gemacht hatte, wiederum bei Straßenszenen, wo er die Staatsgewalt mit dem Ruf „nieder mit der Polizei" diskriminiert hatte (u. a.). Die gegen ihn verhängten Strafmaße beliefen sich auf 500,– oder 1.000,– RM wahlweise einen Monat Gefängnis.

Der Prozess gegen Moltke fand nicht im „Großen Sitzungssaal" statt, sondern „in einem kleinen Saal, der zum Brechen voll war". Das schrieb Moltke seiner Frau am Abend des zweiten Verhandlungstages (10. Jan.). Am ersten Tag, am 9. Januar, war Moltke selbst nicht vernommen worden, sondern Delp (Tod), Sperr (Tod), Reisert (5 Jahre) und Fugger (3 Jahre). Im Vordergrund stand der Vorwurf des Hochverrats. Der VGH definierte ihn während der Verhandlungen z. B. so: „Vorbereitung zum Hochverrat begeht jeder, der sich irgendein Urteil über eine Angelegenheit anmaßt, die der Führer zu entscheiden hat." Oder so: „Vorbereitung zum Hochverrat begeht schon der, der hochpolitische Fragen mit Leuten erörtert, die in keiner Weise dafür kompetent sind, insbesondere nicht mindestens irgendwie tätig der Partei angehören." Man erkennt: Die Formulierungen, die Moltke seiner Frau mitteilte, legen den Kern einer jeden Diktatur frei. Interessant, ja sehr bezeichnend war für Moltke, dass im Gerichtssaal, als Freisler „aus irgendeinem Grunde" danach fragte, nicht einmal ein Strafgesetzbuch vorhanden war. Das Gericht kam ohne genaue Gesetzeskenntnisse aus.

Der zweite Prozesstag, der 10. Januar 1945, war Moltkes Tag. Dieser hatte sich durch guten Schlaf (mittels einer Tablette), etwas zurückgelegte Schokolade und einige Kaffeebohnen präpariert. „In mildem Ton ging es los; sehr schnell, sozusagen rapid; Gott sei Dank, dass ich flink bin und Freislers Tempo spielend mitmachte." Eine solche verbale und argumentative Gleichwertigkeit eines Angeklagten gegenüber Freisler hatte sich Moltke ja als unbedingte Voraussetzung einer jeden auch nur entfernt ernst zu nehmenden Prozesschance für ihn vorher sagen lassen. Aber solche einleitenden Dialoge waren nur Präliminarien. Bei dem ersten Kernvorwurf, der Begegnung mit Goerdeler, kam es zu „Freislers Tobsuchtsanfall Nr. 1". Moltke hatte, dem Richter ins Wort fallend, eingeworfen, Polizei und Abwehr hätten von Goerdelers Tun gewusst; er, Moltke, habe also gar nicht etwas Unbekanntes melden können/müssen. „Ein Orkan brach los: Er hieb auf den Tisch, lief so rot an wie seine Robe und tobte.“ Hier offenbarte Freisler seinen Charakter, wie schon in jenen Prozesstagen im August 1944, als Reichsjustizminister Thierack – brieflich an Bormann – eingegriffen hatte, weil er durch Freislers Verhalten die Würde des Gerichts verletzt sah. Der Direktor des VGH aber hatte keine Würde.

Freisler kannte keine rechtliche oder moralische Verlegenheit. Da, wo er die bedrängende Enge eines ihm entgegengetragenen Arguments spürte, begann er sofort zu schreien. Aus dem Hochmut seiner amtlichen Autorität schleuderte er Blitze, ein verblendeter Zeus in seiner Macht. Er tobte: „So etwas verbitte ich mir, so etwas höre ich mir gar nicht an.“ Moltke, das schrieb er am selben Abend seiner Frau, blieb, im Wissen um das feststehende Urteil, kühl: „Ich sah ihm eisig in die Augen, was er offenbar nicht schätzte, und plötzlich konnte ich nicht umhin zu lächeln.“ Die Beisitzer und der Landgerichtsdirektor Kurt Schulze, der für Lautz die Anklage vertrat, erstarrten. Das hatten sie an diesem Orte noch nicht erlebt. Der Versuch Moltkes, berichtigend auf Freisler einwirken zu wollen, war verständlich und ohnmächtig zugleich. Es musste ein ungleicher, imaginärer Kampf sein zwischen dem Rechtsanwalt Moltke, der die Hochgedanken der Zivilisation gerade vor dem obersten Gericht vertrat, und dem Richter Freisler, der die unfassbaren Trivialitäten einer hochgeschwemmten Ideologie vertrat.

Was aber half dieser Mut zum Widerspruch, gar zur Ironie vor der Rostra des Tyrannen? Natürlich nichts. Aber Moltke wollte als freier und selbstbewusster Charakter auftreten. Freisler war an seine geistige Unfreiheit gebunden. Er konnte nicht klug sein. Er war dem freien Argument nicht gewachsen; ein Strafgesetzbuch hatte er nicht zur Hand. Er vertrat die pure Macht und das von ihr gefangene Denken. Er wollte Hitlers „politischer Soldat“ sein, das hatte er ihm ja geschrieben.

Der zweite große Anklagepunkt, die Kreisauer Gespräche, war für den VGH der klassische Fall von Hochverrat und Detaitismus. „Tobsuchtsanfälle“, so Moltke gegenüber seiner Frau, unterbrachen Freislers Tiraden, die sachlich nicht überraschen konnten, denn sie entsprangen dem Selbstverständnis des Regimes: „Alle Behörden Adolf Hitler's“, so belehrte Freisler Moltke, „arbeiten auf der Grundlage des Sieges, und das ist im O. K. W. nicht anders wie woanders; so etwas höre ich mir gar nicht an, und selbst wenn es nicht so wäre, so hat eben jeder einzelne Mann die Pflicht, selbstständig den Siegesglauben zu verbreiten.“ Hier wollte einer die Sturmzeichen des untergehenden Dritten Reiches nicht hören, den Schauder des Untergangs nicht spüren, den Genius loci des Berliner Kammergerichts nicht wahrnehmen. Freisler hatte keine Skrupel; er hatte nur den bösen Willen. Er war die verkörperte Beleidigung des Rechts. Die moribunden Humanisten mussten vor diesen Hinrichter treten! Das bleibt eine deutsche Schande.

Natürlich verzichtete der Präsident des VGH nicht auf den Hohn, den er der Teilnahme eines Jesuitenpaters (Delp) an den Kreisauer Gesprächen entnehmen zu können glaubte: „Kein Deutscher kann doch einen Jesuiten auch nur mit der Feuerzange anfassen ... Die sollen sich ums Jenseits kümmern, aber uns hier in Ruhe lassen.“ Ein Nationalsozialist sei in Kreisau bezeichnenderweise nicht dabei gewesen. Es wurden keine inhaltlichen Details aus den Kreisauer Gesprächen diskutiert. Es genügte Freisler die Tatsache, dass sie überhaupt stattgefunden hatten, auch in kleineren Kreisen in Berlin oder München vorbereitet und fortgesetzt worden waren. Freislers Fazit lautete in Moltkes Wiedergabe: „Ganz Kreisau und jede dazugehörige Teilunterhaltung ist Vorbereitung zum Hochverrat.“ Auch wenn keine Aktionen geplant waren, das Denken gegen, ja schon das Denken über den Nationalsozialismus allein reiche. Moltke resümierte daher richtig: „Wir werden gehenkt, weil wir zusammen gedacht haben.“ Noch schlimmer: Für ihn hatte der Prozess bewiesen, „dass nicht Pläne, nicht Vorbereitungen, sondern der Geist als solcher verfolgt werden soll.“ Sarkastisch schloss er gegenüber seiner Frau: „Vivat Freisler!“

Nicht die konkreten politischen Vorwürfe hatten in den beiden Verhandlungstagen Bestand, sondern ganz allgemein der dem VGH offenbar gewordene Widerstand gegen den formierten Geist. Der eine, Moltke, war in den christlichen Glauben und das juristische Vertrauen auf das Recht eingedrungen, der andere, Freisler, in die Abhängigkeit von dem nationalsozialistischen Recht. Die Absolutheit machte beide Glaubenshaltungen vergleichbar. Freisler hat das zumindest in dem Prozess gegen Moltke u. a. anerkannt, als er dem schlesischen Grafen zuerkannte: „Nur in einem sind das Christentum und wir gleich: wir fordern den ganzen Menschen!“ (Helmuth an Freya 10./11. Jan.) Freisler glaubte das als einen Triumph für sich verbuchen zu können. Moltke reduzierte sich und die Bedeutung seines Lebens in dieser definitiven Abschiedsstunde christologisch: Er habe vor Freisler gestanden „nicht als Protestant, nicht als Großgrundbesitzer, nicht als Adliger, nicht als Preuße, nicht als Deutscher…, sondern als Christ und als gar nichts anderes“.

Man kann ein solches Schlusswort im Brief an seine Frau Freya nicht unbedingt als die Wahrheit annehmen, muss es aber als gewachsenes, mehr noch als errungenes Glaubensbekenntnis würdigen. Deswegen ist auch dieser letzte Gruß an seine Frau richtig und nachvollziehbar: „Mein Herz, mein Leben ist vollendet, und ich kann von mir sagen: Er starb alt und lebenssatt.“ Welch eine Größe! Das mörderische Ende kam für Moltke am frühen Nachmittag des 23. Januar 1945 in Plötzensee. Das Leben des tobenden Richters und nationalsozialistisch verklemmten Kleingeistes Freisler beendete zehn Tage später, am 3. Februar 1945, ein zufälliger Bomben-

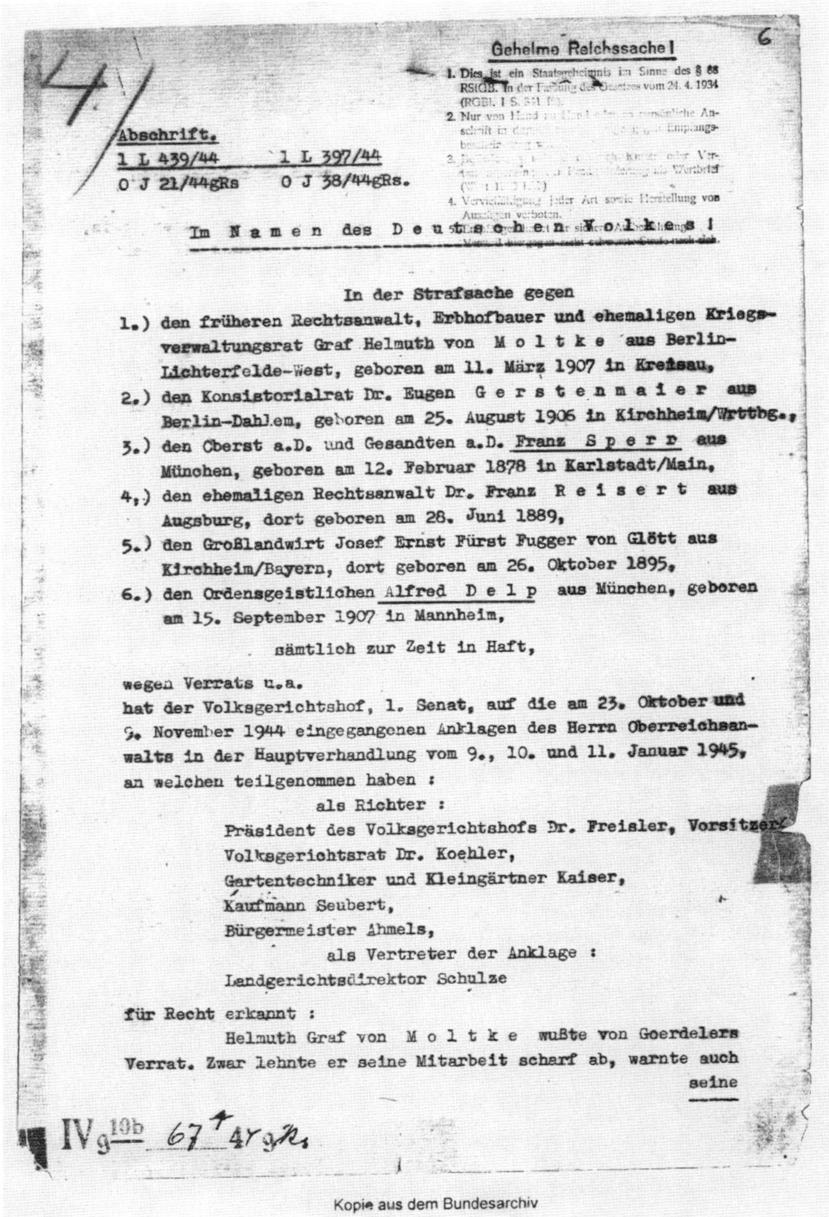

4

Geheime Reichssache!

1. Dies ist ein Staatsgeheimnis im Sinne des § 88 RStGB. in der Fassung des Gesetzes vom 24. 4. 1934 (RGBl. I S. 341 ff).
2. Nur von Hand zu Hand ... Anschrift ... Empfangsbescheinigung ...
3. ... Wertbrief ...
4. Vervielfältigung jeder Art sowie Herstellung von Auszügen verboten.

6

Abschrift.

1 L 439/44   1 L 397/44

O J 21/44gRs   O J 38/44gRs.

Im Namen des Deutschen Volkes!

In der Strafsache gegen

1.) den früheren Rechtsanwalt, Erbhofbauer und ehemaligen Kriegsverwaltungsrat Graf Helmuth von Moltke aus Berlin-Lichterfelde-West, geboren am 11. März 1907 in Kreisau,

2.) den Konsistorialrat Dr. Eugen Gerstenmaier aus Berlin-Dahlem, geboren am 25. August 1906 in Kirchheim/Wrttbg.,

3.) den Oberst a.D. und Gesandten a.D. Franz Sperr aus München, geboren am 12. Februar 1878 in Karlstadt/Main,

4.) den ehemaligen Rechtsanwalt Dr. Franz Reisert aus Augsburg, dort geboren am 28. Juni 1889,

5.) den Großlandwirt Josef Ernst Fürst Fugger von Glött aus Kirchheim/Bayern, dort geboren am 26. Oktober 1895,

6.) den Ordensgeistlichen Alfred Delp aus München, geboren am 15. September 1907 in Mannheim,

sämtlich zur Zeit in Haft,

wegen Verrats u.a.

hat der Volksgerichtshof, 1. Senat, auf die am 23. Oktober und 9. November 1944 eingegangenen Anklagen des Herrn Oberreichsanwalts in der Hauptverhandlung vom 9., 10. und 11. Januar 1945, an welchen teilgenommen haben :

als Richter :

Präsident des Volksgerichtshofs Dr. Freisler, Vorsitzer,
Volksgerichtsrat Dr. Koehler,
Gartentechniker und Kleingärtner Kaiser,
Kaufmann Seubert,
Bürgermeister Ahmels,

als Vertreter der Anklage :

Landgerichtsdirektor Schulze

für Recht erkannt :

Helmuth Graf von Moltke wußte von Goerdelers Verrat. Zwar lehnte er seine Mitarbeit scharf ab, warnte auch seine

IVg 10b 674 47 gRs

Urteil des VGH vom 11. Januar 1945 in der Strafsache Helmuth Graf von Moltke u. a. (Teil 1)

- 2 -

seine politischen Freunde vor Goerdeler, aber er meldete sein Wissen nicht.

Er selbst, in Defaitismus befangen, bildete einen Kreis, der für den Fall eines Zusammenbruchs unseres Reiches mit Nichtnationalsozialisten die Macht ergreifen wollte.

Durch dies alles ist er für immer ehrlos geworden.

Er wird mit dem T o d e bestraft.

Der Jesuitenpater Alfred D e l p arbeitete sehr eng und intensiv mit Helmuth Graf von Moltke zusammen, vermittelte ihm auch ein wichtiges informierendes Gespräch mit dem Bischof von Fulda und stellte ihm seine Münchener Wohnung zu Verratsbesprechungen zur Verfügung.

Auch er hat sich dadurch für immer ehrlos gemacht und wird mit dem T o d e bestraft.

Eugen G e r s t e n m a i e r nahm an vorbereitenden Besprechungen, wie er meinte, mehr theoretischer Art, im Moltke-Kreis teil. Er mag nicht erkannt haben, daß sie die Machtergreifung vorbereiten wollten. In seinem Verkehr mit Moltke erfuhr er jedoch, daß Goerdeler einen Militärputsch plane. Das meldete er nicht.

Dafür bekommt er 7 – sieben – Jahre Zuchthaus; weitere 7 – sieben – Jahre ist er ehrlos.

Franz R e i s e r t nahm an Besprechungen mit Helmuth Graf von Moltke in München teil. Zwar lehnte er Moltkes Pläne ab, aber auch er erstattete keine Meldung.

Dafür erhält er 5 – fünf – Jahre Zuchthaus und ist darüber hinaus 5 – fünf – Jahre lang ehrlos.

Josef Ernst Fürst Fugger von G l ö t t kam einmal ahnungslos in eine Besprechung mit Männern des Moltke-Kreises in München hinein, in der er erkannte, daß hier "eine Schweinerei" im Gange sei. Er lehnte zwar jede Mitarbeit ab, erstattete aber keine Meldung.

Dafür wird er mit 3 – drei – Jahren Gefängnis bestraft.

Denen, die zu Zuchthaus oder Gefängnis verurteilt sind, wird ihre ganze Haft darauf angerechnet.

Franz

Urteil des VGH vom 11. Januar 1945 in der Strafsache Helmuth Graf von Moltke u. a. (Teil 2) splitter im Hof des Berliner Kammergerichts – draußen vor der Tür. Das Mittelalter hätte ihm nachgerufen: Gottesurteil.

Am 18. Oktober 1945 wurde auf der großen Schaubühne des Volksgerichtshofes der Internationale Militärgerichtshof der Alliierten Sieger des Zweiten Weltkriegs konstituiert, der dann im Nürnberger Justizgebäude tagte. Das Berliner Kammergericht wurde danach Tagungsstätte des Alliierten Kontrollrats bis zum Auszug des sowjetischen Vertreters am 20. April 1948. Der Große Sitzungssaal sah schließlich am 3. September 1971 die Unterzeichnung des 1. Berliner Abkommens durch die vier Botschafter der Siegermächte des Zweiten Weltkriegs. Heute ist das Kammergericht wieder das, was sich alle mit seiner Einweihung am 18. September 1913 von ihm erhofft hatten, das höchste Berliner Gericht.

6. Kapitel

„Wir hatten wieder 10 Figuren“ Der Henker Willy Röttger

Die Existenz eines Scharfrichters ist die Konsequenz des Strafgesetzbuches, sofern dies die Möglichkeit eines Todesurteils für fest umrissene Delikte vorsieht.[38] Sein variabler Titel „Nachrichter“ gibt zu erkennen, dass dieser in der Folge von Richterspruch und Strafvollzug handelt. Der Justizverwaltung war der in der Öffentlichkeit nicht geachtete Stand des Scharfrichters bewusst. Deswegen war der Staat, die Länder wie das Reich, um Tarnung bemüht. Er verwarf die Anregung, den Nachrichter zu einem Angestellten des Reichs- oder eines der Länderjustizministerien zu machen. Gleichwohl gab er dem Scharfrichter eine feste Vergütung und dazu noch eine Fallpauschale; zusätzlich sicherte er ihm Vorrechte bei seinen Reisen mit öffentlichen Verkehrsmitteln (3. Klasse) zu den verschiedenen Vollstreckungsorten zu. Der zuständige Beamte, in der Regel ein Staatsanwalt, machte dem Scharfrichter wohl die für ihn gültigen Richtlinien bekannt, händigte sie ihm aber nicht aus. Man wollte die unbedingte Geheimhaltung solcher Richtlinien gewährleistet sehen. Am liebsten sah man es, wenn der Scharfrichter weiterhin einer geregelten beruflichen Tätigkeit nachging, die ihn vor der Öffentlichkeit in seiner „Nebentätigkeit“ unerkannt bleiben ließ, ihm aber die Freiheit zur schnellen und kurzfristig anberaumten Tätigkeit (innerhalb von 24 Stunden an jedem Ort) gab.

Vor allen Dingen unter den Voraussetzungen des Dritten Reiches sollte der Scharfrichter in politischer, abwehrpolitischer und „in sonstiger Hinsicht“ unauffällig sein; er musste kein Parteimitglied der NSDAP werden – das war, verständlicherweise, eher unerwünscht –, sollte aber „absolut verschwiegen“ sein. So verpflichtete der § 4 der 1936 erstellten „Richtlinien für Scharfrichter“ diesen, „über die ihm erteilten Vollstreckungsaufträge und deren Erledigung vor und nach der Vollstreckung strengstes Stillschweigen zu bewahren und das gleiche auch seinen Gehilfen zur Pflicht zu machen“. Diese Gehilfen bestimmte nicht der Staat, sondern der Scharfrichter suchte sie selber aus seinem Bekanntenkreis oder durch Empfehlung Dritter aus. Er musste sie für jeden Termin „in unauffälliger Weise benachrichtigen“ (§ 3). Bei seinem Einstellungsgespräch las der Staatsanwalt ihm im Wesentlichen diese Inhalte vor und protokollierte die Erklärung des Scharfrichters: „Ich werde die Richtlinien gewissenhaft erfüllen.“ Ein förmlicher Vertrag wurde nicht abgeschlossen.

Eine solche, bewusst unspektakulär, ja geradezu unauffällig gehaltene Bestallung eines Scharfrichters zeigt das etwas gespaltene Verhältnis, das der Staat zu seinem Nachrichter hatte. Man brauchte ihn, wollte ihn aber nicht zu offiziell an sich binden, sondern alles eher in einer Grauzone belassen. Durch ein solches Verhalten war auf der anderen Seite natürlich die Auswahl der Scharfrichter begrenzt. Es meldeten sich einfache Männer, geistig eher geringer ausgebildet, beruflich oft in ungesicherten oder schlechter bezahlten Positionen, in der Gesellschaft eher randständig und ohne Ansehen, vom Spießer zum Spieß herabgestufte Kleinbürger. Das waren dann z. B. – folgt man den Belegen in amtlichen Akten der Justizministerien – Abdecker, Fleischer, Leichenträger, Krankenpfleger, kleinere Handwerker, Landarbeiter (Klauenbeschneider z. B.), Friseure, Zeitungsverkäufer, Straßenbahnfahrer oder Gastwirte. Alle diese konnte die Justiz locken, natürlich nicht durch öffentliche Ausschreibungen, sondern durch eine offensichtlich in einschlägigen Kreisen von Mund zu Mund laufende Bekanntgabe und Einwerbung.

Der Staat bot dem Scharfrichter während der Weimarer Republik eine feste Vergütung von jährlich 3.000,– RM, zu zahlen in monatlichen Abschlägen von 250,– RM, außerdem eine Fallpauschale. Diese betrug zu Beginn des Dritten Reiches in den Ländern 40,– bis 60,– RM. In dieser Höhe wurde sie 1941 einheitlich für das ganze Reich fixiert. Sie stieg aber bald auf die außerordentliche Höhe von ca. 120,– RM. Auch wenn der Scharfrichter von dieser Pauschale je 20,– bis 30,– RM an seine beiden Gehilfen weiterzugeben hatte, behielt er mindestens 60,– RM für sich. Bedenkt man die sehr schnell und stark ansteigende Zahl der Todesurteile und ihrer nahezu ausnahmslosen Vollstreckung, so wird erkennbar, dass ein Scharfrichter im Zweiten Weltkrieg 1.000,– RM und später auch deutlich mehr in einem Monat erhalten konnte.

Der hier als Beispiel vorgestellte Friedrich Wilhelm Röttger[39] aus Hannover wird schon in seinen Anfangszeiten als Scharfrichter nahezu 5.000,– RM im Monat erhalten, mehr als zu dieser Zeit, im Herbst 1942, der damals gerade neu berufene Richter am VGH, Roland Freisler, mit seinen 2.000,– RM pro Monat verdiente. Als Leichenbestatter hatte Röttger vorher 90,– oder 100,– RM pro Monat bekommen. Man sieht die auffällige Dissonanz im Verhältnis der beiden: den nur mit spitzen Fingern und gegenüber einem „Justizhelfer" dieser Art eher distanziert bleiben wollende Staat auf der einen Seite, den handfest, bestimmt, entschieden, schnell und kräftig handelnden Scharfrichter mit dem hohen Verdienst auf der anderen Seite. Der Staat musste sein Verlangen nach Geheimhaltung wie auch die in der Öffentlichkeit nicht geachtete Stellung eines Scharfrichters hoch bezahlen. Er forderte vom Scharfrichter, eine „dem Ernst der Handlung entsprechende Kleidung" zu tragen und diese selbst zu kaufen. Das war früher ein Frack, seit dem 11. Dezember 1934 in Preußen und nachfolgend auch im Reich „eine hand- und halsgeschlossene Litewka aus schwarzem Stoff".

Die Geschichte der Scharfrichter im Dritten Reich ist, sofern sie hier von Interesse sein kann, schnell erzählt. Die lange in der Länderhoheit belassene Regel für Scharfrichter wurde vom Reichministerium für Justiz am 19. November 1936 vereinheitlicht. Der Minister stellte fest: „Wir benötigen jetzt für das ganze Reich 3 Scharfrichter." Diese sollten in Berlin, München und Frankfurt ansässig sein. Es wurden die weiter oben schon angesprochenen „Richtlinien für Scharfrichter" erarbeitet. Die ersten drei Scharfrichter wurden zum 1. August 1937 benannt. Man schloss mit ihnen keinen regelrechten Vertrag. Sie bekamen einen „Nachrichterausweis", den sie allerdings Dritten nicht zeigen durften. Es waren Ernst Reindel für Berlin, Friedrich Hehr für Hannover und Johann Reichhart für München. Die frühere Entscheidung für Frankfurt war zugunsten Hannovers revidiert worden. Der interessanteste Fall dürfte ohne Zweifel Johann Reichhart sein; er war „Reisevertreter" gewesen. Einer seiner Gehilfen sagte später über Reichhart aus, dieser sei in München unmittelbar nach dem Ersten Weltkrieg „einer der größten Kommunisten" gewesen. In der Rätezeit 1919 habe er sich in der Stadt an der Isar „etliche Tage in einem Bierfass im Hackerkeller verkrochen", um später als Mitglied des NSKK seine zeitgemäße politische Wandlung zu finden.

Reichhart hatte also einen „typischen" Berufsweg gehabt, benahm sich nicht ohne Eigenwilligkeiten, kam in München mit Karl Valentin und Liesl Karlstadt in Konflikt, wurde aber von staatlichen Stellen als sachverständig geschätzt. Noch der Alliierte Militärgerichtshof in Nürnberg und der dort zuständige Henker Master-Sergeant Woods zogen ihn bei der Hinrichtung der Hauptschuldigen am 16. Oktober 1946 beratend hinzu. Für diese drei Scharfrichter und die von diesen selbst auszusuchenden jetzt drei Gehilfen – zwei Gehilfen und ein Aushilfsgehilfe – wurde die oben angezeigte Entlohnung festgelegt. Die Vollstreckung geschah zu dieser Zeit durch die Guillotine, die sog. „Fallbeilmaschine". Zugrunde lag damals noch die Verfügung des Reichsministeriums für Justiz vom 20. November 1924, wo es in § 2 hieß: „Die Todesstrafe ist durch Enthauptung mit dem Fallbeile zu vollziehen."

Ein Reichsgesetz vom 29. März 1933 hatte auch das Erhängen als Hinrichtungsart möglich gemacht. Als 1934 im Reichsministerium für Justiz über die bevorzugt im Deutschen Reich anzuwendende Hinrichtungsart debattiert wurde, sprach sich der gerade zum 1. April 1934 dort zum Staatssekretär ernannte Roland Freisler für die Hinrichtung mit dem Handbeil aus. Sein Argument brachte die mittelalterliche, für das 20. Jahrhundert eher befremdlich klingende Denkweise dieses Mannes zum Ausdruck: „Enthaupten durch Muskelkraft enthält etwas Ursprüngliches, Männliches, Natürliches." Reichsjustizminister Franz Gürtner entschied sich dagegen und für die Guillotine. Hitler hatte zu diesem Zeitpunkt bereits die Anfertigung von 20 Maschinen dieser Art angeordnet und den Auftrag an die Werkstätten des Gefängnisses in Berlin-Tegel vergeben. In der dazu verfassten „Anleitung zur Aufstellung und Benützung der Fallbeilmaschine"[40] war alles im besten Amtsdeutsch beschrieben. Zum Schluss dieses Textes hieß es: „Nach der Enthauptung und sobald sich der Rumpf etwas verblutet hat, schieben die beiden Gehilfen das Brett, auf welchem der Leichnam liegt, ein wenig zurück, fassen es bei den oberen und unteren angebrachten Handheben und legen, nachdem sie zuvor die Riemen aufgeschnallt haben, den Rumpf mit dem Kopf in den bereitstehenden Sarg."

Am 24. April 1940 erscheint erstmals Friedrich Wilhelm Röttger in den Akten. Er wird als Schlosser vorgestellt, ist aber in dieser Funktion ganz offenbar arbeitslos. Er verdiente seinen eher kargen Monatslohn als Leichenträger. Er war zu dieser Zeit 46 Jahre alt (* 6. 3. 1894) und in Hannover ansässig. Während des Ersten Weltkriegs war Röttger Heizer bei der Kriegsmarine gewesen. Das ist für einen Schlosser mit abgeschlossener Lehre eigentlich eine niedrige Position. Seine erste Ehe, 1920 geschlossen, war 1929 geschieden worden, seine zweite Frau (1934 geheiratet) nahm Gelegenheitsarbeiten als Packerin wahr. Die Tochter aus der ersten Ehe lebte in einem Heim in Hannover-Kirchrode. Die Kosten trug ihr Vater, Friedrich Wilhelm Röttger. Bei gleichzeitig zu zahlenden 35,– RM für die Miete einer Kleinstwohnung in der Seestr. 10 in Hannovers Südstadt erkennt man leicht in den sozialen und finanziellen Verhältnissen Röttgers einen Zwang zu einer außerberuflichen Nebentätigkeit. Nicht zu übersehen ist, dass Röttgers prekäre finanzielle Lage sich offenbar auch in den dreißiger Jahren nicht verbesserte, obwohl man doch annehmen könnte, dass er in dem entstehenden nationalsozialistischen Rüstungsrechteck Hannover (Hanomag) – Fallersleben (VW) – Braunschweig (Büssing) – Peine (Hermann-Göring-Werke) – Hildesheim (Bosch) eigentlich als Schlosser leicht eine Anstellung hätte finden können. Offenbar reichten seine Qualität und/oder seine Motivation dazu nicht aus. Er kam auf eine andere Idee. Am 24. April 1940 wurde er „Ersatzgehilfe" bei dem Scharfrichter Friedrich Hehr. Dieser war in seinem zivilen Leben Metzger und Gemüsehändler.

Bei einer Hinrichtung in Wolfenbüttel kam es am 28. Januar 1941 zu einem Zwischenfall.[41] Hehr exekutierte mit der Guillotine. Röttger und ein weiterer Gehilfe mit Namen Oberbeck assistierten ihm. Beide Gehilfen handelten vorschriftsmäßig, d. h. sie führten den Verurteilten zur Fallbeilmaschine, zogen ihn über das Brett, fixierten dessen Nacken mit dem Richt- (oder Genick-)brett und hielten anschließend den Körper, der eine,

Röttger, an der Schulter „mit aller Kraft“, wie er später zu Protokoll gab, der andere am Kopf, „damit der sich nicht bewegen“ konnte. „Die Handgriffe“, so Röttger zum Vorgang, „waren genau geübt und lagen fest. Jeder von uns hatte seine bestimmte Arbeit und konnte auf den anderen nicht achten, zumal die Hinrichtung möglichst schnell zu erfolgen hat.“ Der zweite Gehilfe hielt jedoch seinen Daumen ungeschickt, so dass das Beil auch diesen abtrennte. Da dieser Gehilfe ohnehin „seelisch den Aufgaben nicht gewachsen“ war, wie der Scharfrichter Hehr bemerkte, wurde er anschließend sofort entlassen. Röttger rückte dadurch vom Ersatzgehilfen zum offiziellen Gehilfen auf. Damit war er jetzt bei jeder Exekution dabei.

Als Hehr Anfang November 1941 akut erkrankte, beauftragte der Hannoveraner Oberstaatsanwalt Knaths aus einer Zwangslage heraus Wilhelm Röttger mit dem Vollzug bereits terminierter Todesurteile. Vom 6. bis zum 20. November nahm Röttger 12 Hinrichtungen vor. Knaths ließ sich davon berichten und informierte seinerseits das Reichsministerium für Justiz in Berlin. „Er (sc. Röttger) ist ein solider Mann, große kräftige Erscheinung, sicheres und gewandtes Auftreten, der sich zum Scharfrichter eignet.“ Er könne „schnell und ordnungsgemäß“ vollstrecken.[42] Ein halbes Jahr zuvor hatte gerade Roland Freisler in seiner Eigenschaft als Staatssekretär im Reichsministerium für Justiz eine neue und sehr systematische Vergütungsordnung für Scharfrichter verfasst.[43] Offenbar war dieser Schritt durch eine deutliche Zunahme der Todesurteile notwendig geworden. Von einer Jahrespauschale (3.000,– RM) war jetzt nicht mehr die Rede. Die Fallpauschale dagegen wurde differenziert: Pro Hinrichtung am Wohnsitz des Scharfrichters betrug sie jetzt 40,– RM (30,– für jeden Gehilfen), außerhalb (ab 300 km) 60,– RM (50,– pro Gehilfen). Bei mehreren Hinrichtungen am selben Termin wurden „für jede zweite und jede folgende

Hinrichtung" 30,– RM (auch 30,– für jeden Gehilfen) gezahlt. Die Bürokratie hatte die Tätigkeit des Scharfrichters in ihre feste Ordnung genommen.

Die Zahl der Hinrichtungen, der Hinrichtungsstätten und damit auch die der Scharfrichter stieg deutlich an. 1941 gab es im vergrößerten Reich die folgenden 17 Stätten: Plötzensee in Berlin, Brandenburg-Görden, Breslau, Dortmund, Dresden, Frankfurt/Main, Halle, Hamburg, Kattowitz, Königsberg, München, Posen, Prag, Stuttgart, Weimar, Wien und Wolfenbüttel. 1942 kamen dann Danzig, Graz und Köln hinzu.[44] Neun Scharfrichter wurden für sie berufen: Gottlob Bordt, Friedrich Hehr, August Köster, Johann Mühl, Johann Reichhart, Ernst Reindel, Wilhelm Röttger, Alois Weiss und Fritz Witzka. Ihre Zahl und die der jetzt 20 Hinrichtungsstätten stehen für den Höhepunkt des Todeswahns im Dritten Reich. Jedes Hinrichtungsteam, bestehend aus drei (oder vier) Personen, musste dennoch größere Reisen unternehmen. So bekam der Scharfrichter Hehr im Juni 1942 vom Reichsministerium für Justiz diesen „Laufzettel" zugeschickt: 16. 6. Wolfenbüttel, 18. 6. Königsberg, 20. 6. Breslau, 23. 6. Köln, 24. 6. Hamburg, 26. 6. Dresden, 30. 6. Kattowitz, 2. 7. Wolfenbüttel. Die Weite von Nord- und Ostdeutschland war ausgeschöpft.

Die Oberstaatsanwaltschaften erleichterten diese Reisen mit öffentlichen Verkehrsmitteln, indem sie jedem Scharfrichter und seinen drei Gehilfen diese „Bestätigung" ausstellten:

„Dem Scharfrichter Johann Reichhart wird bestätigt, dass er mit seinen drei Gehilfen im Auftrag Deutscher Staatsanwaltschaften laufend Amtshandlungen in allen Teilen des Reichsgebietes vorzunehmen hat und zu diesem Zweck ständig Eisenbahnfahrten unternehmen muss. Bei den derzeitigen Verkehrsverhältnissen bitte ich dem Genannten in überfüllten Zügen durch Platzanweisung nach Möglichkeit behilflich zu sein."

Das Schreiben datiert vom 26. März 1942.[45]

Bei Hehrs Reiseprogramm im Juni 1942 war Röttger als Gehilfe dabei. Während der „Vollstreckungsreise“ bewarb er sich aus Breslau am 21. Juni offiziell beim Reichsministerium für Justiz um die Stelle eines Scharfrichters. Man darf aus den Umständen schließen, dass Hehr ihn dazu angestoßen hatte[46]:

„Wie ich erfahren habe, beabsichtigt das Ministerium eine neue Nachrichterstelle einzurichten. Erlaube mir hiermit, mich um Dieselbe zu bewerben. Bin 48 Jahre 6. 3. 94 in Hannover gebr. Seit 1925 im Bestattungswesen, ab Mai 1940 als Gehilfe bei Herrn Scharfrichter Hehr, Hannover. Habe Herrn Scharfrichter Hehr während seiner Krankheit von 2. 11. 41. bis 5. 12. 42. in 26 Vollstreckungen vertreten.“ (s. S. 131)

Dieses handschriftliche Bewerbungsschreiben ist knapp, nicht ohne Fehler und etwas bemüht amtlich. Es lässt einen einfachen, aber durchaus selbstbewusst auftretenden Menschen erkennen. Sein Gruß „Heil Hitler“ war dem Zeitgeist geschuldet; die Unterschrift („Willy Röttger“) ist ungeübt, aber fest. Das Ministerium für Justiz ließ durch die Gestapo in Hannover „vertrauliche Erkundigungen“ über den Leumund Röttgers einholen. Der war offenbar ohne einen Tadel („Nachteiliges nicht bekannt“). Daraufhin bot der Oberstaatsanwalt beim Volksgerichtshof Willy Röttger die Stellen des Scharfrichters in Berlin-Plötzensee und Brandenburg an.

Das ist der große Durchbruch Willy Röttgers, wie er sich selbst in Unterschriften und seinen Gehilfen gegenüber nannte. Eine zeitliche Koinzidenz ist bemerkenswert: Wilhelm Röttger wurde zum 1. September 1942 „Scharfrichter für Berlin“. Das teilte ihm der Reichsminister für Justiz am 29. August 1942 mit und „verpflichtete“ ihn zugleich auf die nach wie vor gültigen „Richtlinien“ von 1936. Am 22. August 1942 war Roland Freisler durch Hitler zum Präsidenten des Volksgerichtshofes in Berlin ernannt worden. Zwei „Karrieren“ liefen zusammen, die des

Richters und die seines Nachrichters, des Scharfrichters und Henkers von Plötzensee.

Röttger handelte damals schnell und zielbewusst. Er mietete zum 15. August 1942 bei Frau Hildebrand in Berlin in der Salzwedelerstr. 4 A ein Zimmer. Als seinen Gehilfen nahm er aus Hannover Fritz Hehnen mit, wie er ebenfalls Bestattungsgehilfe, offenbar sein Berufskollege. Beide wohnten im selben Zimmer, zusammen machten sie ein Fuhrunternehmen bei einem Berliner Schlachthof auf. Das war ihre berufliche Tarnung. Der zweite Gehilfe war Richard Thomas, Gastwirt in der Berliner „Sängerklause".

Gerade zu dieser Zeit erreichte die Bürokratisierung der zu vollstreckenden Todesurteile im Dritten Reich eine neue Dimension. Jede Hinrichtungsstätte musste eine „Monatliche Übersicht über die Zahl der Hinrichtungen unter Angabe der beteiligten Scharfrichter" an das Reichsministerium für Justiz nach Berlin übermitteln. Die DIN A 5 kleinen Blätter waren mit „Geheim" oder „Vertraulich" zu stempeln. Sie wurden bis zum Überlieferungsende, Dezember 1944, von allen jetzt 15 Stätten in zuverlässiger Regelmäßigkeit (es fehlt nicht ein einziger Beleg) an den Justizoberinspektor Kiehn in Berlin geschickt und von diesem penibel abgeheftet.[47] Dadurch wissen wir, dass für den Dezember 1942 (z. B.) folgende Hinrichtungen gemeldet wurden: Plötzensee 56, Brandenburg 26, Breslau 22, Dresden 17, Frankfurt 5, Halle 2, Hamburg 13, Kattowitz 25, Köln 8, Königsberg 21, München 29, Posen 34 (davon hier bereits 27 durch den Strang), Stuttgart 8, Weimar 3 und Wien 46. Die Grausamkeiten, die hinter diesen Statistiken stehen, können hier nicht diskutiert werden. Aber man sollte sie immer im Auge behalten, vielleicht auch versuchen, sich eine Vorstellung von ihnen zu machen.

Plötzensee und Brandenburg-Görden ragen aus solchen Listen von allem Anfang an und zunehmend mehr heraus. Röttger

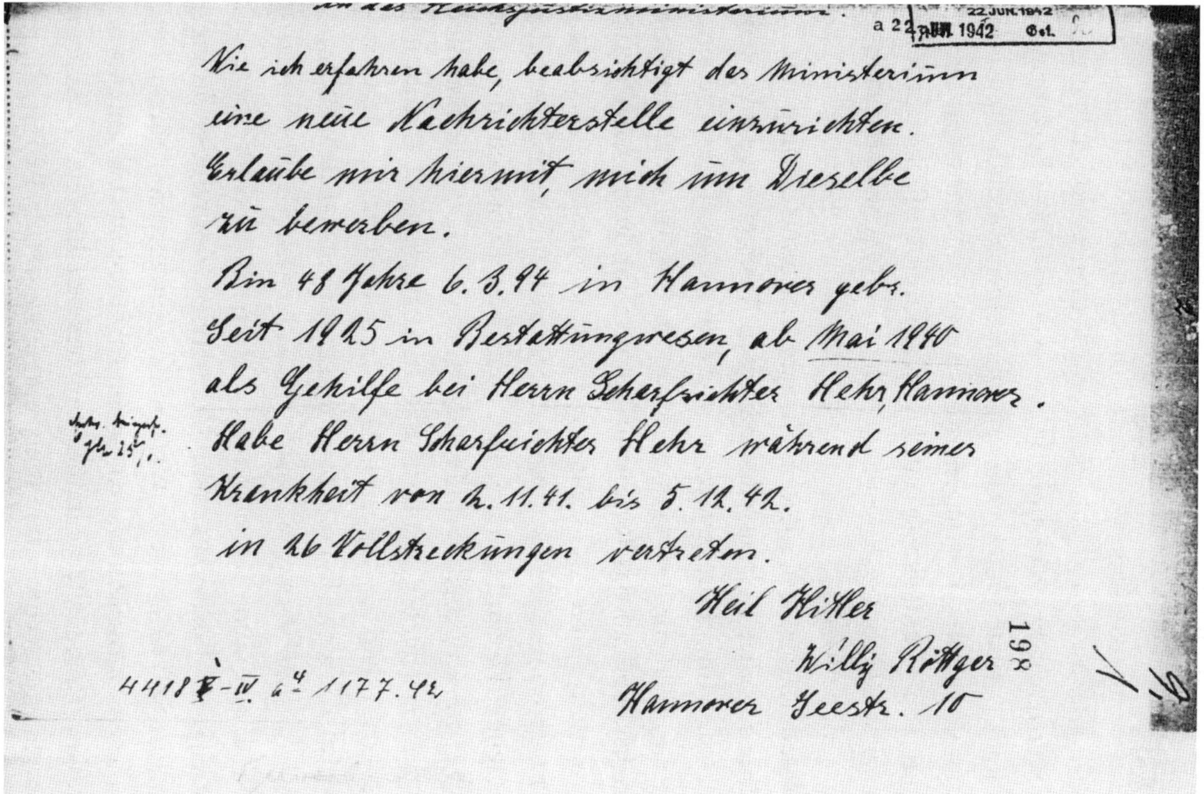
an das Reichsjustizministerium.

22. JUN. 1942

Wie ich erfahren habe, beabsichtigt das Ministerium
eine neue Nachrichterstelle einzurichten.
Erlaube mir hiermit, mich um Dieselbe
zu bewerben.
Bin 48 Jahre 6.3.94 in Hannover geb.
Seit 1925 in Bestattungwesen, ab Mai 1940
als Gehilfe bei Herrn Scharfrichter Hehr, Hannover.
Habe Herrn Scharfrichter Hehr während seiner
Krankheit von 2.11.41. bis 5.12.42.
in 26 Vollstreckungen vertreten.

[illegible]

Heil Hitler
Willy Röttger
Hannover Geestr. 10

198

4418-IV a 4 1177.42

Bewerbungsschreiben des (Plötzensee-) Henkers Friedrich Wilhelm Röttger vom 21. Juni 1942 war seit August 1942 der alleinige Scharfrichter in Plötzensee, Reindel der in Brandenburg. Ein gutes Jahr später, erstmals im Oktober 1943, wurde Röttger auch in Brandenburg der allein verantwortliche Henker. Er hat in Plötzensee 1943 1.081 Hinrichtungen vorgenommen, dazu ab Oktober 1943 in Brandenburg 204. Aus der Statistik ragt der September 1943 sehr auffällig heraus. Nach dem großen Bombardement auf Berlin in der Nacht vom 3. zum 4. September wurden nachfolgend alle in Berliner Todeszellen einsitzenden Verurteilten aus nationalsozialistischer Angst vor ihrer Fluchtgefahr in zwei Nächten in Plötzensee umgebracht. Das waren 324 Menschen. Es flossen dabei ca. 1,5 Hektoliter Blut. Die Henker bekamen Alkohol.

Die Zahl ist schwer vorstellbar, das Hinrichtungstempo auch. Das belegt ein zum Vergleich aus den Akten herangezogenes anderes Beispiel: Am 4. November 1941 wurden in Brandenburg-Görden acht Personen, die alle „wegen Vorbereitung zum Hochverrat" zum Tode verurteilt worden waren, im 5 Min.-Takt ab 5.00 Uhr morgens hingerichtet. Eröffnet worden war ihnen dies von einem Staatsanwalt am Abend zuvor um 20.00 Uhr. Die Exekutionen dauerten vom 5.00 bis 5.40 Uhr. Das Protokoll war genau[48]; es vermerkte auch den letzten Schrei eines Delinquenten: „Rot Front" und gab damit zu erkennen, was der Nationalsozialismus unter „Vorbereitung zum Hochverrat" verstand. Der Kommunist verdient es, im kollektiven Gedächtnis bewahrt zu werden. Er war ein einfacher Maurer.

Zwei Jahre später also, im September 1943, wurden in zwei Nächten in Plötzensee 324 Menschen hingerichtet, alle mit der Guillotine (s. S. 135). Augenzeugen, etwa ein Justizbeamter, hatten bei verschiedenen Terminen zu Protokoll gegeben, dass eine Hinrichtung nur 8 Sekunden dauern konnte. Die Hinrichtung der Emmi Zheden in Plötzensee ist gar mit 7 Sekunden (Vorführung und Vollstreckung) in den Justizakten vermerkt. Der Begriff „Blitzvollstreckungen“ kam ins Gespräch. Nach dem Opel-Blitz der 30er Jahre und den Blitzkriegen mit den Blitzsiegen zu Beginn des Zweiten Weltkriegs jetzt also auch die Blitzvollstreckungen. Man mag die Einzelheiten kaum fassen können, muss aber auch noch dieses mit Erstaunen zur Kenntnis nehmen: Das Entgelt für den Scharfrichter und seine zwei Gehilfen betrug zu dieser Zeit 120,– RM pro Hinrichtung. In den zwei Septembernächten 1943 hat also Friedrich Wilhelm Röttger für seine 324 Hinrichtungen 38.880,– RM vom Staat bekommen. Je 1/6 hatte er an seine beiden Gehilfen weiterzugeben. Oder noch eine andere Zahl: Vom Januar bis November 1944 (Abbruch der Überlieferungen) richtete Röttger in Plötzensee und Brandenburg in der Summe 1.148 Menschen zu Tode. Dafür bekamen er und seine Gehilfen eigentlich unvorstellbare 137.760.– RM.

Die in dieser Statistik natürlich besonders interessierenden Monate Juli 1944 und die folgenden fallen in den Zahlen nicht besonders heraus: August 82, September 83, Oktober 46, November 58. Bekannt ist, dass bei den letztgenannten Vollstreckungen bereits das Erhängen üblich war, weil von Hitler mit den überlieferten Worten befohlen: „Ich will, dass sie erhängt werden. Wie Schlachtvieh.“ Dafür sah sich Röttger, der Fuhrunternehmer eines Berliner Vieh- und Schlachthofs, als geeignet an. Er nannte die in Plötzensee von ihm hinzurichtenden politischen Märtyrer einmal ohne jedes erkennbare Gefühl in einem knappen Hofgespräch mit dem Tegeler Gefängnispfarrer Harald Poelchau „Figuren“: „Wir hatten wieder 10 Figuren.“[49]

Röttger erhängte nach dem „österreichischen System“, d.h. ohne Falltür. Er hat dazu selbst diese Aussagen hinterlassen[50]: „Den Verurteilten wurde die Schlinge um den Hals gelegt, dann wurden sie hochgehoben. Dann habe ich die Schlinge, wie man einen Rock aufhängt, an einem Haken befestigt.“ Am 23. Januar 1945 war es Moltke, am 2. Februar 1945 Goerdeler, die auf diese

Weise erhängt wurden – wie man einen Rock aufhängt. Die letzten Hinrichtungen im Dritten Reich soll Röttger am 16. April in Plötzensee und am 20. April 1945 in Brandenburg vorgenommen haben. Die Leichen der mit der Guillotine Hingerichteten waren dem Anatomisch-Biologischen Institut der Berliner Universität übergeben worden. Die Einsargung gehörte zu den Pflichten der Gehilfen des Scharfrichters, ebenso wie die Säuberung der Hinrichtungsstätte. Seit August 1944 wurden die Leichen der Erhängten auf Anweisung Himmlers verbrannt, ihre Asche verstreute man auf den Berliner Rieselfeldern.

Ende April 1945 verliert sich für Monate Röttgers Spur. Er muss sich erfolgreich aus Berlin abgesetzt haben und nach Hannover gelangt sein. Dort hat ihn allerdings die britische Besatzungsmacht gefasst und in ein Gefängnis überwiesen. Überliefert ist im Sterberegister der Stadt Hannover, dass Friedrich Wilhelm Röttger am 6. September 1946 im Gerichtsgefängnis in Hannover gestorben ist. Als Todesursache ist verzeichnet: Tabes-Paralyse mit Hemiplexie links, Neo-Salvarsan-Dermatitis, Hypostatische Pneumonie mit Herzmuskelschwäche. Also: Neuro-Lues, d. h. Syphilis im Stadium 3 mit bereits aufgetretener halbseitiger Lähmung. Das Endstadium (4) wäre mit Demenz verbunden. Das Medikament Salvarsan bzw. Neo-Salvarsan war seit 1911 in Gebrauch. Röttger muss es bereits über längere Zeit eingenommen haben, denn eine reaktive Hautentzündung (Neo-Salvarsan-Dermatitis) tritt erst als Folge einer längeren Behandlung auf. Röttger ist 52 Jahre alt geworden.

Eine frühere Nachbarin in der Berliner Salzwedeler Straße hat dem „Spiegel“[51] gegenüber zu Röttger später ausgesagt: „Ach, wissen Sie, der Herr Röttger war ein großer, starker Mann, immer nett und anständig angezogen. Justizbeamter isser, hat er mir gesagt. Das ist ein großer, ein dehnbarer Begriff.“ Ein Biedermann? Das Zitat vermag die in der Öffentlichkeit gelungene

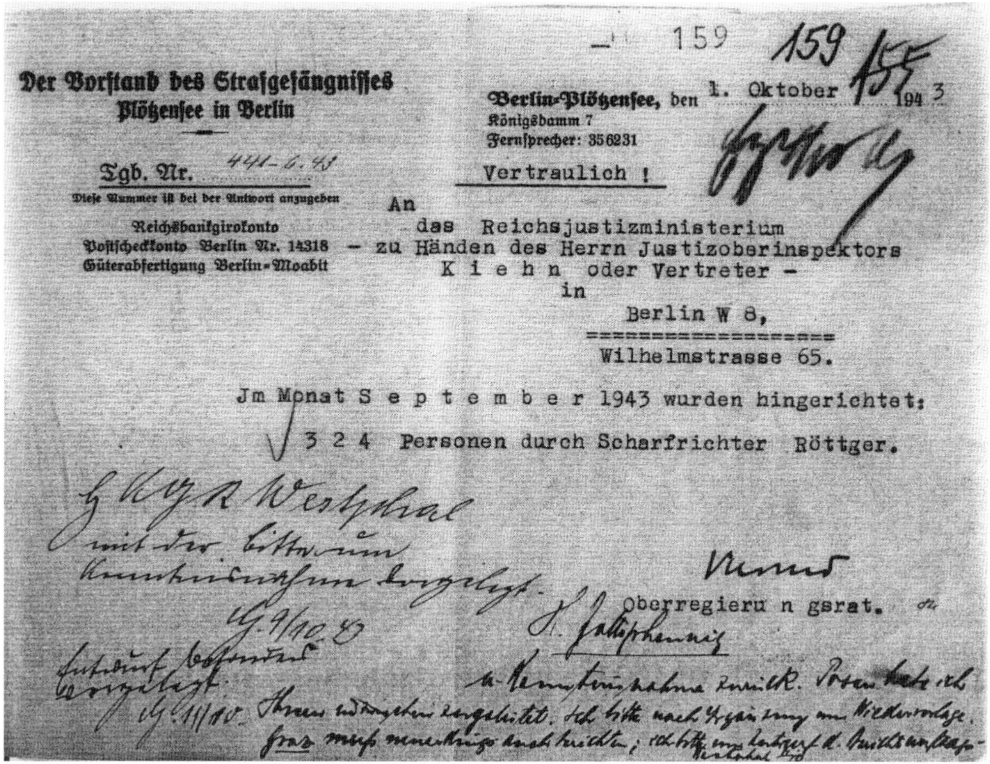

Der Vorstand des Strafgefängnisses
Plötzensee in Berlin

Tgb. Nr. 441-6.43
Diese Nummer ist bei der Antwort anzugeben

Reichsbankgirokonto
Postscheckkonto Berlin Nr. 14318
Güterabfertigung Berlin-Moabit

Berlin-Plötzensee, den 1. Oktober 1943
Königsdamm 7
Fernsprecher: 356231

159

Vertraulich !

An
das Reichsjustizministerium
– zu Händen des Herrn Justizoberinspektors
Kiehn oder Vertreter –
in
Berlin W 8,
Wilhelmstrasse 65.

Jm Monat September 1943 wurden hingerichtet:
324 Personen durch Scharfrichter Röttger.

Oberregierungsrat.

Aktenbeleg über die Hinrichtung von 324 Personen „im Monat September 1943“
in Berlin-Plötzensee

Täuschung über die wahre Identität des Scharfrichters anzuzeigen. Er war in Wirklichkeit ein Kleinbürger, ein feixender Banause, ein roher Akteur, ein mordender Halunke. Die Syphilis kann er sich im Bordell geholt haben, vielleicht schon als Matrose im Krieg. Andere Vermutungen stehen offen. Im Dritten Reich hätte die Diagnose gereicht, um Röttger ins Konzentrationslager zu verweisen und dort umzubringen. Aber die Nationalsozialisten brauchten ihn als den Henker von Plötzensee und ließen ihn das bis zum Schluss bleiben.

Epilog

Tod, wo ist dein Echo?

Der 18. Januar ist ein wichtiges Datum zunächst für die preußische Geschichte – der brandenburgische Kurfürst Friedrich III. wurde an diesem Tag 1701 König Friedrich I. in Preußen, die Krönung fand in Königsberg statt – sodann für die preußisch-deutsche Geschichte: Der preußische König Wilhelm I. wurde 1871 im Spiegelsaal des Schlosses von Versailles „auf den Schild gehoben" und zum deutschen Kaiser ausgerufen. Nachfolgend wurde der 18. Januar der Tag der preußisch-deutschen Ordensverleihungen.

1945 ist gerade dieser Tag besetzt mit den letzten drei Versuchen Freyas von Moltke, ein Gnadengesuch für ihren Mann Helmuth doch noch wirksam werden zu lassen, entweder durch eine Umwandlung der am 11. Januar vom VGH ausgesprochenen Todesstrafe in eine (lebenslange?) Haftstrafe oder durch eine Aussetzung der Hinrichtung bis in die Zeit nach dem Krieg. Drei Besuche unternahm Freya. Im Reichsjustizministerium wurde sie zu „dem jungen, lieben, harmlosen Ebersberg", dem Adjutanten des RJM Otto Georg Thierack, vorgelassen. In der Sache erreichte sie hier nichts. Erfolglos blieb auch der sie begleitende Carl Dietrich von Trotha, ein Vetter und Freund Helmuths. Trotha hatte bei dieser Unterredung noch einmal den Abstand Moltkes zum Goerdeler-Kreis betont und die historisch-politische Bedeutung der Familie Moltke für die Geschichte des Deutschen Reiches hervorgehoben. Ebersberg indessen zeigte sich davon unbeeindruckt. Es ginge seiner Dienststelle nicht um Goerdeler, sondern um das, „was sie (sc. seine Behörde) technisch den ‚Kreisauer Kreis'" nannten. Ein solcher Verweis entbehrte in dieser Situation nicht einer gewissen Ironie, denn Trotha war im Kreisauer Kreis der Wirtschaftsexperte gewesen, aber bisher in dieser Funktion unenttarnt geblieben.

Freya von Moltke stieß im RJM vor eine Wand, konnte aber immerhin in Erfahrung bringen, dass der Minister Thierack „für 10 Tage noch auf Dienstreise" sei. Da er die Ablehnung des Gnadengesuchs unterschreiben musste, ergab sich am 18. Januar zumindest eine vage Hoffnung auf eine entsprechende Verzögerung der Hinrichtung. Das war in jenen Tagen des einstürmenden Chaos ein kleiner Strohhalm, in Wahrheit jedoch nicht einmal das oder besser gesagt: Gerade des einbrechenden Untergangs des Deutschen Reiches wegen, der sich im Osten bereits vollzog, kam Thierack vorzeitig am 22. Januar von seiner Dienstreise aus Breslau zurück nach Berlin.

Die zweite Unterredung an jenem 18. Januar 1945 fand nachmittags beim Chef der Gestapo im Reichssicherheitshauptamt, Heinrich Müller, statt. Freya empfand sie als „eklig". Müller sei zwar zu ihr „sehr freundlich" gewesen, aber, so fasste sie gegenüber ihrem Mann ihre Eindrücke zusammen: „... mein Herz, dieser ‚mächtige Mann' hat ein sehr tiefes persönliches Ressentiment gegen Dich". Folglich werde auch Heinrich Himmler, Müllers direkter Vorgesetzter, eine solche Haltung einnehmen.

Die dritte Unterredung an diesem so vollen politischen Tag in der causa Moltke war noch die harmonischste. Frau von Moltke kam am Spätnachmittag noch einmal ins RJM. Sie traf jetzt den Landgerichtsdirektor Prost, der als rechte Hand des Reichsjustizministers galt. In ihrer eigenen Wahrnehmung stand sie in Prost einem „wirklich ernsthaften, anständigen und von eigenen Überzeugungen erfüllten Mann" gegenüber. Er habe ihr sogar zum Abschied gesagt: „Ich möchte Ihnen keine falschen Hoffnungen lassen und Ihnen auch keine rauben." Diese gewisse

Unentschiedenheit des Beamten suchte sie mit dem Hinweis für ihren Mann zu stärken, man möge sich doch noch einmal überlegen, ob es sich das Deutsche Reich leisten könne, den Grafen von Moltke umzubringen. „Das hat er wohl verstanden", resümierte sie im Brief an ihren Mann. Aber ob der Landgerichtsdirektor Prost diesen Gedanken in seiner politischen Bedeutung auch erwägen konnte, gar gegenüber Thierack vertreten würde? Eine solche Aussicht war höchstens geringfügig.

Das alles, was hier referiert wird, steht im Brief vom 19. Januar 1945, den Freya von Moltke in der Berliner Wohnung Trothas nach dem Frühstück hastig schrieb. Es war ein Donnerstag. Am folgenden Dienstag, mit dem Abstand von fünf Tagen, urteilte sie nüchterner, „dass alle meine Versuche und Bemühungen vergeblich gewesen seien, ich nun nichts mehr dazu tun könne und nun auch aufhören müsse mit Tun... Unsere Augen können keine Rettung aus Deiner Lage ringsum erspähen." Das war bei aller anklingenden Enttäuschung richtig und ein verständlicher Schlusspunkt. Am vorvergangenen Donnerstag war sie etwas offener gewesen. Doch schnell hatte sie an jenem Tag ihren Brief mit den Worten geschlossen: „Ich muss weg! Schleunigst! Gott behüte Dich!" Ihr Zug fuhr planmäßig um 10.57 Uhr vom Berliner Schlesischen Bahnhof nach Kreisau. Es war ein Eilzug. Die Strecke war 360 km lang.

Sie reiste gegen den jetzt anschwellenden Strom der Menschen zurück nach Kreisau. Die deutsche Bevölkerung des Ostens war auf der Flucht. Das Signal dazu hatte die militärische Offensive der Roten Armee gegeben, begonnen am 13. Januar aus den drei Brückenköpfen am westlichen Weichselufer heraus, besonders bei Baranow.[52] Den beiden Fronten der Roten Armee, der 1. Belorussischen und der 1. Ukrainischen Front, stand in Schlesien die deutsche Heeresgruppe A gegenüber. Heinz Guderian, Generalstabschef des Heeres, hatte Hitler am 9. Januar 1945 vorhergesagt, die deutsche Ostfront werde bei einem russischen Angriff „wie ein Kartenhaus“ zusammenbrechen. So geschah es. Die deutsche Mittelfront brach sofort ein; Trommelfeuer, rollende Panzerkolonnen, pausenlose Einsätze der sowjetischen Luftwaffe – nichts oder fast nichts als einen örtlich hinhaltenden Widerstand oder verzögernde Absetzbewegungen hatten die deutschen Truppen dieser Stalin-Offensive entgegenzusetzen. Die Ostgrenzen des Deutschen Reiches wurden vom Feind erreicht und überrollt, in Ostpreußen wie in Schlesien.

In der Fülle der apokalyptischen Ereignisse und Bilder, der schnell in die Höhe treibenden Zahlen der Gefallenen an allen Fronten und bei der Zivilbevölkerung davor und dahinter – täglich starben mehr als 20.000 allein auf deutscher Seite – gab es auch Szenen einer fast unwirklichen Normalität. In Lorzendorf z. B., in Oberschlesien, unmittelbar an der nach dem Ersten Weltkrieg hier gezogenen deutschen Reichsgrenze zu Polen gelegen, fand auf dem Gut des Grafen Zedlitz-Trützschler an jenem 18. Januar 1945 noch eine Hochzeit statt.[53] Es heiratete eine Nichte der Frau von Manstein einen Bruder jenes Alexander Stahlberg, der zu dieser Zeit Adjutant Mansteins war. Das erwirkte auch die Anwesenheit des von Hitler ja bereits seines Kommandos enthobenen GFM. Dieser gab mit seiner Galauniform der Feier einen farbigen Tupfer, ein gewisses militärisch-gesellschaftliches Gepränge, die Mutter des Bräutigams, eine geborene von Kleist, auf der Orgel einen musikalischen Klangrahmen. „Das Hochzeitsessen unter vielen brennenden Kerzen“, so berichtete später Alexander Stahlberg, „war feierlich, gut und reichlich.“ Die Rede des alten Grafen, des Großvaters der Braut, wurde aber ein „Nekrolog auf sein geliebtes Schlesien“. Sie erstickte in den Tränen des Laudators.

Bezeichnend waren die vor der Feier von der Gesellschaft getroffenen Fluchtvorbereitungen. Die Gäste hatten ihre Wagen im

Hof des Gutshauses so geparkt, dass diese alle in geordneter Reihe standen, mit dem Motor nach vorne ausgerichtet, damit „es bei einer überstürzten Flucht kein Chaos gäbe". Die Vorsorge war berechtigt, denn Stahlberg, der von Manstein als Horchposten in den Park abkommandiert war, hörte schon bald, vom Ostwind begünstigt, die klirrenden und rasselnden, knirschenden und mahlenden Ketten der heranrollenden Panzer, ein unverwechselbares Geräusch für einen wie ihn, der Fronterfahrungen hatte. Stahlberg rannte ins Haus, meldete das Geschehende und bewirkte den ja vorhergesehenen fluchtartigen Aufbruch der ganzen Gesellschaft. So endete eine Hochzeit am 18. Januar 1945 an der deutsch-polnischen Südostgrenze in Oberschlesien.

Das Ehepaar von Manstein fuhr im BMW des GFM über Oels und Breslau gleich bis Liegnitz, die anderen Gäste wurden im Pendelverkehr zum Namslauer Bahnhof gebracht. Von dort ging es mit dem Zug nach Breslau und weiter Richtung Westen, oder man musste, wie der Großteil der schlesischen Bevölkerung, zu Fuß und mit Pferdetrecks über die verschneiten und vereisten Landstraßen bei 15 Grad Kälte – nachts waren es unter 20 Grad in jenen Tagen – nach Süden, auf Brieg zu, laufen, um das südwestliche Ufer der Oder und weiter darüber hinaus das schlesische Bergland, das Riesengebirge und seine Ausläufer, zu erreichen. Man bedenke: Ackerwagen hatten in aller Regel keine Bremsen! Schlesien, für lange Kriegsjahre der „Luftschutzkeller" des Reiches, stand und zog auf den Straßen.

Die „Episode Manstein" ist es wert, als Parallelgeschehen in jenen Tagen noch etwas verfolgt zu werden.[54] Sie vermittelt schlesische Fluchtgeschichte und erlaubt zugleich einen Blick auf das Ende der deutschen Militärgeschichte in ihren höchsten Kommandorängen. Die Familie von Manstein hatte in Liegnitz eine private Behausung, unweit von Kreisau. Man blieb dort einige Tage und machte „noch einige Besuche in der Umgebung".

Eine Empfindung für das etwas makabre Verhalten, im BMW auf den von Flüchtlingen vollgestopften, vereisten und verschneiten Straßen Niederschlesiens Besuchsfahrten zu machen, hatte Manstein offenbar nicht.

Bei einer dieser Fahrten musste man an einer Kreuzung warten und einen „Gefangenentransport Groß Rosen", halbverhungerte Frauen in Sträflingskleidern, elende Gestalten, angetrieben von den Lederpeitschen schwingenden Aufseherinnen, passieren lassen. In Groß Rosen, 20 km südlich von Liegnitz gelegen, war 1940 ein KZ eingerichtet worden. Manstein, so überliefert sein Adjutant Stahlberg, erstarrte, seine Frau schlug ihre Hände vor die Augen. Sie wurden wenigstens einmal Zeuge dessen, was sie vorgaben, nicht zu wissen.

Der GFM entwich danach wie alle, die das in jenen Tagen konnten, der Front. Am 25. Januar ließ er mitten im allgemeinen Fluchtgetümmel seinen separaten Eisenbahnwaggon auf dem Liegnitzer Bahnhof an den Zug der Reichsbahn, P 250, anhängen. Wer der vielen tausend Flüchtlinge hat das bemerkt? Wen interessierte es überhaupt noch, dass neben ihm einer der renommiertesten Militärkommandeure der Wehrmacht floh? Oder umgekehrt gefragt: Was interessierte Manstein und seine Frau? Wen der Flüchtlinge nahmen sie in ihrem großen Waggon mit? Es ist keine Antwort auf diese Fragen überliefert. Am 27. Januar war Manstein in Berlin.

Am selben Tag erreichten die Russen Auschwitz und befreiten das dortige KZ. Wiederum zwei Tage später, am 29. Januar, machte Manstein noch den Versuch einer Begegnung mit Hitler. Er ließ sich in die Reichskanzlei fahren, bei Hitler mit dem Wunsch einer Vorsprache melden – und musste warten. Er hatte Muße, seine Augen durch die Leere der 400 Meter langen Halle der Reichskanzlei schweifen zu lassen, die Löcher in den Decken zu sehen, den Schutt auf den Bodenfliesen. Da bot sich ihm wahrlich eine Reichstrümmerlandschaft im einstigen politischen Herrschaftszentrum. Nach einer halben Stunde kehrte der SS-Mann zurück: „Ich habe Befehl, auszurichten, dass der Führer nicht empfängt." Der Dilettant der gerade abgebrochenen Ardennenoffensive verweigerte dem gefeierten Strategen des Ardennendurchbruchs von 1940 die Begegnung. Es gab keinen Grund mehr für militärische Aussprachen auf dieser Ebene.

Manstein verließ Berlin, unwissend, aber rechtzeitig vor dem großen amerikanischen Bombardement vom 3. Februar 1945. Er setzte sich weiter nach Westen ab, in das Landhaus Achterberg am Truppenübungsplatz Bergen in der Lüneburger Heide. Dort war er in größter Nähe zum KZ Bergen-Belsen. Auschwitz, Groß Rosen und jetzt Bergen-Belsen, drei nationalsozialistische Konzentrationslager hatte Manstein an seinem Fluchtweg von seinem schlesischen Gut nach Westen in jenen Januartagen passiert, keins hatte ihn interessiert. Sein BMW fuhr immer vorbei. Seinen Adjutanten Stahlberg ließ er später über Achterberg sinnieren: „Während rings um uns ganz Deutschland dem Untergang zusteuerte, konnte man sich hier noch ungestört den Schönheiten der Heide hingeben." Manstein, der sich gerade aus Schlesien abgesetzt hatte, hätte sich ja auch nach dem Schicksal des schlesischen Grafen Helmuth J. von Moltke erkundigen können, schließlich war er auf den Pfaden eines wesentlichen Amtsvorgängers gewesen, des preußischen GFM Helmuth von Moltke. Er, Manstein, war doch – nach dem Urteil Stahlbergs – „von der Anlage her ‚ein Moltke'". Das alles interessierte den ehemaligen großen Strategen nicht; er suchte sein eigenes Heil.

Wechseln wir wieder die Szene und kehren wir zur Frau des Urgroßneffen zurück. In die große Flucht, in diese Völkerwanderung war Freya von Moltke in jenen Januartagen 1945 mehrfach geraten. Auf der Rückfahrt von Berlin, gegen den Strom ankämpfend, war sie am 19. Januar erst um Mitternacht wieder in

Kreisau angekommen. Planmäßig hätte ihr Eilzug, Abfahrt in Berlin 10.57 Uhr, bei einem Umstieg in Liegnitz um 18.47 Uhr in Kreisau ankommen müssen.[55] Das war eine normale Tagesverbindung. Man fuhr dabei von Liegnitz über Jauer, Striegau und Schweidnitz Richtung Eulengebirge bis nach Kreisau. Ein D-Zug wäre etwas schneller gewesen: z. B. Berlin ab 8.18 Uhr, Kreisau an 14.09 Uhr. Aber das waren Friedensfahrpläne für das zu dieser Zeit insgesamt 6912 km lange schlesische Schienennetz. Jetzt, Mitte Januar 1945, herrschte nicht nur Krieg, sondern Untergang, Chaos. Das Fluchtdrama intensivierte jede Szenerie.

Dennoch konnte Freya ihrem Mann am 23. Januar schreiben: „Kreisau ist noch ganz friedlich." Da war sie aber schon wieder in Berlin. In den zwei Tagen ihrer Anwesenheit auf dem schlesischen Gut lebte sie aber auch dort nicht mehr in einer Oase. Die östlich der Oder gelegenen Kreise wurden evakuiert und links der Oder, also zwischen Strom und Gebirge, aufgenommen. So war dem Kreis Oels der Kreis Schweidnitz als Aufnahmeraum zugewiesen worden. Das betraf auch Kreisau. 350 Oelser Flüchtlinge musste das kleine Dorf am 22./23. Januar aufnehmen, 25 allein das Berghaus der Moltkes oberhalb des Schlosses.[56] Diese Zahlen blieben indessen übersichtlich, Chaos herrschte hingegen auf den Straßen, vor allen Dingen rechts der Oder und auf den Bahnhöfen beiderseits des Stroms. Die Bevölkerung Schlesiens floh viel stärker als etwa die Ostpreußens mit der Eisenbahn und weniger in Trecks.

In dieses sich ständig verstärkende Getose war Freya auf ihrer schnellen Rückreise nach Berlin gekommen. In Kreisau hatte sie noch die sentimental-familiäre Empfindung in sich aufgenommen und schrieb davon ihrem Mann am Morgen des 23. Januar, in dem letzten Brief, den er vor seiner Hinrichtung am frühen Nachmittag desselben Tages erhalten und gelesen hatte: „Das Schönste in Kreisau waren weitaus die Knäbchen... Das Offensichtlichste an ihnen ist, dass meine lange Abwesenheit sie ganz nah zueinander gebracht hat. Sie sind wirklich Brüder und lieben sich glühend.“

Davon hatte sich Freya am frühen Morgen des 22. Januar wieder losreißen müssen. Der Zug sollte planmäßig um 5.28 Uhr in Kreisau abfahren, kam aber aus dem nordöstlichen Ausläufer des Eulengebirges, aus Kamenz, über Frankenstein, Gnadenfrei und Reichenbach erst mit 2stündiger Verspätung in Kreisau um 7.28 Uhr an. Die Fahrt nach Liegnitz, die normalerweise knapp zwei Stunden dauerte, verzögerte die Reise noch einmal um weitere unplanmäßige zwei Stunden. Und dann das Erleben auf dem Liegnitzer Bahnhof: „Vor allem die armen Mütter mit kleinen Kindern. Diese Kinderwagen, diese weinenden, frierenden Kinder, vor Zügen, die sie nicht mehr aufnehmen konnten in Liegnitz!“ Sicher, es war hier vorgesorgt worden durch die Nationalsozialistische Volkswohlfahrt. Brennende, offene Koksöfen standen auf den Bahnsteigen. Suppe wurde ausgegeben, dazu Milch für die Kinder. Aber diese Menschenmengen, ihre Gepäckballen, ihr Hunger, die Kälte (mit der Roten Armee war der Frost gekommen), der hindernde Schnee, der Ostwind, die dadurch immer wieder hörbar werden Frontgeräusche! Verstörend, ja zermürbend.

Mehrere Stunden hatte Freya von Moltke in Liegnitz auf den Bahnsteigen in diesem Chaos warten müssen. Durchfahrende Züge, nur von Ost nach West verkehrend, waren Sonderzüge. Dorf- und Stadtgemeinschaften waren in ihnen zusammengefasst. „Endlich kam ein kurzer und stark gefüllter D-Zug.“ Ein Soldat drückte sie in den Küchenwagen hinein. Die Lok musste ihrer mageren Braunkohle wegen häufiger unterwegs neu bekohlt oder ausgewechselt werden. In Berlin-Köpenick ging auch das nicht mehr. Freya konnte aber mit der noch funktionierenden S-Bahn weiterfahren und war gegen 23.00 Uhr in ihrem

Quartier. 17 Stunden hatte diese Reise gedauert: von 5.27 Uhr bis ca. 23.00 Uhr. Die normale Tagesverbindung Kreisau – Liegnitz – Berlin dauerte bei der gewählten Abfahrtszeit sechs Stunden (5.28 Uhr–11.30 Uhr) oder in einer Variante (7.09 Uhr–14.27 Uhr) sieben Stunden. Aber nichts war an jenem 22. Januar 1945 in Schlesien und in anderen Teilen des Deutschen Reiches, vor allen Dingen im Osten, noch normal.

Der Brief, den Freya von Moltke ihrem Mann am 23. Januar 1945 morgens gegen 10.00 Uhr schrieb, endete mit dem Gruß: „Liebe, Liebe, Liebe, mein Herzensjäm; immer bleibe ich Dein P. Ich trug Dich so fest bei mir. Das war sehr schön zu fühlen." Es war der letzte Gruß, den Helmuth von seiner Frau gelesen hat. Der Brief enthielt auch die letzten Informationen zu seinen beiden Söhnen Caspar und Konrad. Ebenso beschrieb der Brief ihm den Untergang seiner schlesischen Heimat. Den nächsten Brief, den Freya schon am Mittag desselben 23. Januar zu schreiben begann, also etwa drei Stunden später – was sollte sie in den aufgewühlten Stunden dieses Tages auch anderes tun? –, hat sie nicht mehr vollendet. In ihre unvollendeten Schlussgedanken kam Harald Poelchau mit der gewissen Nachricht, dass Helmuths Zelle im Gefängnis in Tegel soeben leer gewesen sei und er auf dem Transport nach Plötzensee sei. Gerade hatte sie geschrieben und damit für sich die ausweglose Lage markiert: „Soll ich nach Kreisau zurück? … Was, mein Jäm, soll ich tun?" Von Tegel bis nach Plötzensee fuhr ein Transportwagen damals etwa eine halbe Stunde.

Es gab nach Helmuth von Moltkes Hinrichtung am frühen Nachmittag des 23. Januar 1945 an dem Haken in Plötzensee für seine Frau nichts mehr in Berlin zu tun. Sie musste zu ihren Kindern zurück. Am 25. Januar fuhr sie nach Kreisau, dieses Mal zusammen mit Marion Yorck. Am selben Tag diktierte der Oberreichsanwalt Ernst Lautz diesen Brief an Freya Gräfin von Moltke: „Der ehemalige Rechtsanwalt Helmuth Graf von

Moltke ist wegen Hoch- und Landesverrat vom Volksgerichtshof des Großdeutschen Reiches zum Tode verurteilt worden. Das Urteil ist am 23. Januar vollstreckt worden."[57] Freya dagegen schrieb später über ihre Reise an diesem 25. Januar 1945: „Wir fuhren gegen den Strom der Flüchtlinge und brauchten daher bis Kreisau genau 24 Stunden." Turbulente Tage und Wochen folgten. Zuerst wurden die Särge des Feldmarschalls Helmuth von Moltke und dessen Frau aus der Kreisauer Schlosskapelle hinausgetragen und in jener Gruft auf dem Kapellenberg bestattet, die eigentlich für Helmuth und Freya von Moltke vorbereitet war. Dann verlor auch hier das Leben seine alte Ordnung. Das Dorf Kreisau treckte ebenfalls. Aus dem Osten kamen Trecks, blieben in Kreisau und zogen weiter. Ihr Ziel war das Gebirge und das dahinter liegende Sudetenland.

Das Hofleben verlor seinen ruhigen und ordnenden Rhythmus. Hektik kam auch hier auf. „Es ging weiter von Tag zu Tag, aber es war alles wie ein Traum." Zu Ostern war Freya von Moltke noch in ihrem Berghaus. Danach verließ sie das Gut und fuhr auf der Flucht vor der unsicheren Front mit ihren Kindern und anderen nach Süden, durch die Senke zwischen Eulen- und Riesengebirge, also auf einer der drei preußischen Aufmarschstrassen nach Königgrätz von 1866 – zunächst bis Trautenau, dann bis Hohenelbe weiter. „Hier herrschten noch geregelte Verhältnisse."[58]

Die Reiseeindrücke hätten eine gewisse Erheiterung bewirken können, wenn die gegenwärtig bleibende Erinnerung nicht so bedrückend gewesen wäre. „Der Frühling kam, das Wetter war trocken und sonnig. Langsam und sicher rollten unsere beiden Wagen hoch beladen durch die Berge ..., um mich die ganze Schönheit dieser Landschaft, eine eigenartige Mischung von Zartheit und Strenge in Farbe und Form, von großer Weite und lieblicher Nähe." Eine gewisse Poesie liegt in diesen erinnernden Worten. Ähnlich hatte sie ihrem Mann auch am 8./9. Oktober

1944 die Schönheit seiner schlesischen Heimat beschrieben, als dieser gerade in seine Zelle in Tegel eingesperrt worden war.

Aber die Lebensverhältnisse waren und blieben im Frühjahr 1945 sehr unruhig. Freya fuhr noch einmal nach Kreisau zurück, an einem einzigen Tag die Strecke von über 100 km auf Helmuths altem Rad. Sie blieb in seiner Heimat „drei oder vier Tage", suchte Einwirkung auf das Geschehen zu nehmen, Erkundigungen einzuholen, die Frage beantworten zu können, ob man zurückkehren und bleiben könne oder endgültig abreisen müsse. Ohne eine rechte Entscheidung fuhr sie dann Ende April dieselbe Strecke wieder in einem Tag nach Böhmen zurück. Dort hörte sie im Radio von Hitlers Tod und der Eroberung Berlins durch die Rote Armee. „Die Leute dort oben fragten: ‚Kann man das glauben?' Aber ich wusste sofort und mit Sicherheit: So war es. Das Dritte Reich war zu Ende! Nun würden die Russen Kreisau besetzen." Also musste sie dorthin zurück. Sie war ja ausgestattet mit einer in russischer und auch in tschechischer Sprache übersetzten Bestätigung, dass Helmuth von Moltke als Widerstandskämpfer gegen das Dritte Reich hingerichtet worden war. Das konnte vielleicht ein Schutzbrief sein.

Die Russen kamen, verspätet und ohne Kampfhandlungen, auch nach Kreisau. Die deutsche Front hatte in Schlesien auf einer West-Ost-Linie von Görlitz über Lauban, Striegau, Strehlen, Neisse bis nach Hultschin und Oderberg gehalten. Kreisau war also kein Kampfgebiet geworden. Dort sah Freya die Russen Mitte Mai über die Dorfstraße am Schloss vorbeiziehen: „Es war ein toller Anblick. Primitiv wirkendes Material, Wagen hoch mit Beute beladen, zerschunden auch die Fahrzeuge, aber die Männer waren kraftstrotzend, gesund, stark – siegreich." Der Tross der Sieger zog weiter in die jetzt ja auch befreite und wieder als Staat souverän werdende Tschechoslowakei hinein. Frau von Moltke holte in den sich politisch neu ordnenden

Tagen der großen Geschichte ihre Kinder und andere Flüchtlinge mit ihrem Treckgepäck nach Kreisau zurück. Unterwegs blieb man eine Nacht in Grüssau. Hier, in der ehemals von Zisterziensern gegründeten Klosteranlage, war 1941 ein Zwischenlager für Juden eingerichtet worden, die aus Breslau deportiert wurden. Jetzt, am Pfingstsonntag 1945, hörten die Flüchtenden in der Klosterkirche, der „Perle des schlesischen Barock", das Hochamt. „Die große Kirche war voll! Es war sehr feierlich." Alle ehemaligen Bewohner des Schlosses und des Dorfes kamen in den folgenden Tagen und Wochen nach Kreisau zurück. Man sammelte von den Äckern und Wiesen fremdes Vieh, das brüllend, vereinzelt und ohne Herdenverbund durch die Landschaft zog, stallte die Tiere bei sich ein, bestellte die Felder weiter und suchte ein normales ländliches Leben wieder aufzunehmen. „Im Dorf, im Hof, im Berghaus lebten alle ein verhältnismäßig geordnetes, arbeitsames Leben."

Das jedoch änderte sich schnell. Russische Soldaten vagabundierten durch die Gegend. Am Ende des Sommers zog eine ganze Kompanie von ihnen in das Schloss ein. Danach kamen Polen, zuerst einzelne, dann ihre Miliz. Die Kreisstadt Schweidnitz wurde einer polnischen Verwaltung unterstellt. Die Potsdamer Konferenz der Großen Drei und ihre für Deutschland so nachteiligen politisch-territorialen Entscheidungen wurden bekannt. Bis dahin war die Frage, welche Neiße für die neue deutsch-polnische Grenze gemeint sei, die weiter östliche Glatzer oder die westliche Görlitzer, für die deutsche Bevölkerung zunächst offen geblieben. Die Entscheidung war für Kreisau von großer Bedeutung, denn das Gut lag genau in der Mitte dieser beiden westlichen Nebenflüsse der Oder. Im August 1945 herrschte dann politisch-geographische Klarheit.

Als auch die westlichen Alliierten ihre Berliner Sektoren übernahmen, kam es durch einen britischen Verbindungsoffizier zu einer wichtigen Begegnung mit Freya von Moltke. Der Offizier hatte von englischen Freunden der Moltkes den Auftrag, nach dem Schicksal Helmuths und Freyas zu forschen. Auf Kohlenzügen, die aus dem Waldenburger Land von den Russen nach Westen geschickt wurden, fuhr Freya von Moltke nach Berlin und – abenteuerlich, da jetzt die von Polen bewachte Grenze bei Görlitz passiert werden musste – von dort mit leeren Kohlenwaggons nach Kreisau wieder zurück. Die Rückfahrt dauerte allein drei Tage. Es war, wie man das auch aus Berichten von Christian Graf Krockow aus Pommern weiß, die Stunde der Frauen, die solche Reisewagnisse auf sich nahmen.

Die Kontaktaufnahme hatte allerdings den gewünschten Erfolg. Die systematischen Evakuierungen der deutschen Bevölkerung vor allen Dingen aus Niederschlesien begannen. Sie wurden mit großer Entschiedenheit von den Polen und den sie darin unterstützenden Alliierten betrieben. Freya konnte dabei einem Kreisauer Gewährsmann „den ersten Packen von Helmuths Briefen mit(geben), die so lange hinten in meinen Bienenstöcken vor den Nazis versteckt gewesen waren". Sie selbst und ihre Kinder konnten etwas komfortabler und mit mehr Gepäck ausreisen. Durch britische Vermittlungen, an denen der Londoner Außenminister Bevin und der Feldmarschall Montgomery beteiligt waren, wurde die Familie Moltke von einem Offizier der britischen Armee, seinem PKW und einem kleinen LKW, offiziell und ohne polnische Einsprachen abgeholt. Alle verließen das Berghaus: „Das Haus blieb offen." Kreisau, das Gut, das der GFM Moltke aus seiner Dotation für den Sieg der Preußen über die Österreicher bei Königgrätz nach 1866 gekauft hatte, kam in polnische Hände.

Man kann an dieser Stelle einen vergleichenden Blick einem anderen Ort zuwenden. Varzin, in Hinterpommern gelegen, war 1866 der dem damaligen preußischen Ministerpräsidenten Bismarck für den ja auch politisch nutzbaren Sieg zugestandene Lohn geworden. Im Januar/Februar 1945 erging es diesem Gut ähnlich wie Kreisau und natürlich vielen anderen. Die Geschehensabläufe in beiden Räumen der preußisch-deutschen Geschichte waren nahezu identisch, auch und gerade in jenen Tagen um den 23. Januar 1945. Wir müssen dazu das Beispiel der gut dokumentierten Flucht der ostpreußischen Gräfin Marion Dönhoff heranziehen.[59]

Es war in dem von ihr verwalteten ostpreußischen Gut Quittainen, unweit von Preußisch Holland gelegen, Mitte Januar 1945 so wie an allen Orten Ostdeutschlands. Der Zusammenbruch der Ostfront erfolgte, ohne dass rechtzeitige Treckerlaubnisse ausgesprochen waren. Am Abend des 21. Januar – in Kreisau bereitete sich Freya von Moltke auf die in aller Frühe des nächsten Tages erfolgende Rückreise nach Berlin vor – brach in Quittainen Marion Dönhoff auf. Mit ihren beiden Sekretärinnen aß sie noch zu Abend. „Dann standen wir auf, ließen Speisen und Silber auf dem Tisch zurück und gingen zum letzten Mal durch die Haustür, ohne sie zu verschließen. Es war Mitternacht.“ Welche Parallelen der Geschichte! Hier: „Das Haus blieb offen“, dort: „… durch die Haustür, ohne sie zu verschließen.“

Wohl zwei Tage später, also am 23. oder 24. Januar, als Helmuth von Moltke in Plötzensee hingerichtet wurde, stand Dönhoff mit ihrem Pferd auf jener Eisenbahnbrücke, die bei der westpreußischen Marienburg über die Nogat führt, und sah im fahlen Lichte einer einzigen, im Wind schwankenden Hängelampe nachts gegen 3.00 Uhr drei verletzte Soldaten über die Brücke humpeln. Es kam zu einem kurzen Gespräch. Dönhoffs Resümee über diese Begegnung liest sich auch heute noch nicht ohne Bewegung: „Für mich war dies das Ende Ostpreußens: drei todkranke Soldaten, die sich über die Nogat-Brücke nach Westpreußen hineinschleppten. Und eine Reiterin, deren Vorfahren vor 700 Jahren von West nach Ost in die große Wildnis jenseits dieses Flusses gezogen waren und die nun nach Westen zurückritt – 700 Jahre Geschichte ausgelöscht."

Und diese Überlegung bestätigte ihre Fluchtpause um den 5. Februar 1945 in Varzin. Eine denkwürdige Begegnung an einem denkwürdigen Ort, geeignet, um – wie in Kreisau – die deutsche Geschichte des Ostens damit ausklingen zu lassen. Dönhoff blieb aus diesem, offenbar auch von ihr so empfundenen Grund, wohl wissend um die heranrollende russische Front, in Varzin zwei Tage. Sie verbrachte sie in Gesprächen mit der alten Gräfin Sibylle von Bismarck, der Nichte und zugleich Schwiegertochter Otto von Bismarcks. Sicher waren diese Varziner Gespräche keine Kreisauer Gespräche, denn sie beschäftigten sich nicht mit der politischen Zukunft, sondern verhakten sich ganz in der historischen Vergangenheit. Die „steinalte Gräfin" Sibylle von Bismarck „erzählte lebhaft und nuanciert von alten Zeiten, von ihrem Schwiegervater, vom kaiserlichen Hof und von der Zeit, da ihr Mann, Bill Bismarck, Oberpräsident von Ostpreußen gewesen war." Die beiden Damen tranken dabei „einen herrlichen Rotwein nach dem anderen – Jahrgänge, von denen man sonst nur in Ehrfurcht träumt."[60]

Das hatte Stil, ohne Zweifel. „Der alte Diener servierte bei Tisch." Aber das Geschehen hatte natürlich nicht das jetzt gefragte Niveau, ganz und gar nicht den Bezug zur Außenwelt, in der sich der Untergang der ostdeutschen Provinzen gerade in diesen Tagen vollzog. Ganz im Gegenteil, diese Außenwelt wurde völlig und absichtlich ausgeblendet. Auch die Varziner Gräfin wusste um die Stunde, die ihr schlug. „Sie war sich ganz klar darüber", so berichtet Marion Dönhoff in ihren Erinnerungen „Namen die keiner mehr nennt", „dass sie den Einmarsch der Russen nicht überleben würde." Ihr Grab war im Park vorbereitet worden. Der genaue Ort ist bis heute unbekannt geblieben.

Dönhoffs Abschied von Varzin und der Gräfin Bismarck nahm die alles verdichtende Melancholie, die über diesem Augenblick lag, in bleibenden Worten auf: „Sie (sc. Sibylle von B.) stand gedankenverloren in der Haustür und winkte noch einmal mit einem sehr kleinen Taschentuch. Ich glaube, sie lächelte sogar – genau konnte ich es nicht sehen.“

Varzin und Kreisau, im selben historischen Augenblick der preußisch-deutschen Geschichte in die Hände ihrer beiden politischen und militärischen Vorkämpfer Otto von Bismarck und Helmuth von Moltke gelangt, 1866, verloren nur 79 Jahre später, 1945, diese Ursprünglichkeit und gaben ihre Geschichte in andere Hände weiter. Der älteste europäische Historiker, der Grieche Herodot, hat vor mehr als 2500 Jahren, an vielen von ihm wahrgenommenen Beispielen geschult (besonders an denen des Lyderkönigs Kroisos und des Perserkönigs Kyros), so einen Geschichtsverlauf mit einer gewissen Melancholie einen „kyklos anthropeion pragmaton“ genannt, einen hoffnungsvoll beginnenden und in einer Katastrophe wieder endenden „Kreis(-lauf) menschlicher Taten“.[61] Ein schrecklicher, mörderischer Hasardeur der politischen Bühne hat im 20. Jahrhundert das Beispiel an sich und dem Deutschen Reich im Großen und an Kreisau und Varzin im Kleinen nachvollzogen. Einer, der Hitler dabei zu widerstehen versucht hatte, verdient – wie viele andere Widerständler im Dritten Reich – unsere ehrende Erinnerung, die politische, die sich an seine programmatische Arbeit mit vielen Freunden anbindet, und die humane, die sich in den Briefen mit seiner Frau Freya ausdrückt: Helmuth J. Graf von Moltke. Das Echo muss über seinen Tod hinaus bleiben. Die durch den polnischen und den deutschen Regierungschef am 12. November 1989, drei Tage nach dem Berliner Mauerfall, mit würdigen Gesten vorgenommene Einweihung Kreisaus als deutsch-polnische Stiftung für Europäische Verständigung ist dafür ein wichtiges Zeichen.

Und alles in allem? Blicken wir noch einmal zurück und auf das Ganze. In seinem letzten Brief, den Helmuth J. von Moltke in der Freiheit schrieb, am 18. Januar 1944, unmittelbar vor seiner ihn offenbar überraschenden Verhaftung durch die Gestapo, sagte er seiner Frau: „Dieses Leben unter Räubern und Wegelagerern ist wirklich witzig und nicht ohne Reiz; es wird aber schön sein, wenn das mal aufhört." Selbstbewusst ist der Ton, hoffnungsvoll sind die Gedanken. Es kam anders. Am Tag danach begann er, eine ganz andere Autobiographie zu schreiben, denn als solche sind seine nachfolgenden Briefe zu werten. Sie offenbaren jetzt nicht mehr das Geschehende in einem freien Leben, sondern nur das Empfundene und Gedachte in einer einsperrenden Zelle.

Moltke war kein politischer Theoretiker oder gar Rhetoriker; er war von seiner geistigen Statur her in allem ein beobachtender und lernwilliger Praktiker mit dem Korpsgeist eines Edelmanns. Er war nicht analytisch anspruchsvoll, nicht theorieorientiert, sondern verantwortungsbewusst und praxisbezogen. Das imprägnierte ihn gegen den nationalsozialistischen Ungeist. Er war kein streitbarer Kopf mit dem Habitus eines Gelehrten, eher ein vermittelnden Mit-Denker, auch als Jurist kein Verfechter des agonalen Prinzips, eher ein inspirierender Moderator. Er suchte die Verständigung, nicht das Diktat. Nichts tat er patriarchalisch nach Gutsherrenart. Mit welcher umsichtigen Freude und auch Tatkraft hätte sich dieser Mann nach dem 8. Mai 1945 in einen neu entstehenden anderen deutschen Staat, reformfähig denkend, eingegliedert! Ist er nicht ein Ahne der politischen Kultur – das Wort war zu seiner Zeit noch nicht üblich im öffentlichen Sprachgebrauch – in einer freiheitlichen und demokratisch-pluralistischen Gesellschaft?

Wir lernen Helmuth J. von Moltke in seiner nach der Verhaftung am 19. Januar 1944 angefangenen Autobiographie in

Briefen nur als privaten Menschen kennen, als Ehemann zuerst, als Vater nur am Rande. Er wurde in seiner Zeit in seiner Zelle ein Mensch mit dem sympathischen und sehr ernsthaften, überzeugenden Charakter eines Menschen, der undogmatisch um den rechten jüdisch-christlichen Glauben ringt. Ebenso offenbart er sich als ein beglückter und beglückender Liebender, ein Sehnsüchtiger und Erfüllter zugleich. Er wurde ein Mensch, der die platonische Kugeltheorie von der ehelichen Gemeinschaft mit seiner Frau Freya als Wirklichkeit erlebte. Beide fanden dafür Worte von bleibendem Wert.

Moltke wurde ein Mensch, der Glauben und Liebe in einer Synthese lebte. Der Wille zum christlichen Glauben und das Glück der ehelichen Liebe durchfluteten seine ganze Person. Auf dieser Basis widerstand er mit ordnender Selbstdisziplin der Einsamkeit in seiner Zelle in Tegel, ebenso mit kämpferischer Noblesse dem Hinrichter Roland Freisler vor dem Volksgerichtshof und zum Schluss mit leidender Demut dem grausamen Ende als „Figur“ des Nachrichters Willy Röttger in Plötzensee. Er wusste selbst und hat es mehrfach seiner Frau geschrieben, wie recht der römische Philosoph Seneca mit seinem Wort hatte: „Non mortem timemus, sed cogitationem mortis.“ („Nicht den Tod fürchten wir, sondern das Nachdenken über den Tod.“)[62] Aber wegweisender war für ihn – und seine Frau hat es ihm zustimmend bestätigt –, was in der Bibel so steht: „Leben wir, so leben wir dem Herrn, sterben wir, so sterben wir dem Herrn. Darum wir leben oder sterben, so sind wir des Herrn.“

Erstaunlich, diese ihn stützende Hingabe; es war keine Sicherheit. Moltke war kein Märtyrer, er ist aber ein Zeuge. Wie über die Antigone des Sophokles, so hätte der schwäbische Dichter Friedrich Hölderlin auch über Helmuth James Graf von Moltke sagen können:

„Viele versuchten umsonst,
Das Freudigste freudig zu sagen.
Hier spricht endlich es mir
Hier in der Trauer sich aus.“

Dieses Echo hat Moltkes Tod verdient. Er war und bleibt ein bemerkenswerter Mann, begleitet von seiner ebenso bedeutenden Frau – Repräsentanten und Sendboten einer humanen Gesinnung in einer inhumanen Zeit.

Anmerkungen

1 Die Briefzitate sind der Edition „Abschiedsbriefe Gefängnis Tegel" entnommen; weitere Einzelnachweise unterbleiben im Folgenden.
2 Dieckmann, S. 107ff.; die nachfolgenden Zitate ebd. S. 112 und 115ff.
3 Die Nachweise zu Roland Freisler in Kap. 4 und 5.
4 Einzelheiten zu der von der ‚Frankfurter Rundschau' im September 1951 mit einer Artikelserie „Ihr naht euch wieder" angefachten Personaldiskussion und den nachfolgend vom DBT eingesetzten parl. Untersuchungsausschuss Nr. 47 bei Overesch, Gesamtdeutsche Illusion, S. 9ff.
5 Helmuth an Freya von Moltke 12./13. 1. 1945.
6 Bleistein, S. 8ff, 25ff. und 37ff.
7 Sophokles, Antigone V. 332f.
8 Ravensbrücker Tagebuch 6. 2. 1944; die nachfolgenden Zitate ebd.
9 Ebd. 20. 7. 1944.
10 Bundesarchiv (BA) Berlin NS 6/7, 9, 10 und 13–15: Kaltenbrunner-Berichte.
11 100 Jahre Justizvollzugsanstalt Tegel, S. 11ff.
12 Thomas Mann, Der Zauberberg, Fischer TB 800/1, S. 8ff.
13 Paulo Cuelho, Der Alchimist, S. 149.
14 Zum Kriegsverlauf s. die chronologisch geordnete Datensammlung bei Overesch, Chronik deutscher Zeitgeschichte 2, II, S. 442ff.
15 Bethge (Hg.), Briefe und Aufzeichnungen aus der Haft, 19. 12. 1944.
16 Ortner, Hinrichter, S. 255ff.
17 Ebd.
18 Die Vita Freislers, soweit sie hier von Interesse ist, ist seiner Promotionsakte entnommen: Universitätsarchiv Jena, Bestand K, Nr. 308. Für freundliche wissenschaftliche Hinweise zur Dissertation Freislers danke ich Prof. Dr. Klaus Finkelnburg, ehem. Präsident des Berliner Verfassungsgerichtshofes.
19 Ebd. Gutachten Hedemann.
20 Helmuth an Freya von Moltke 12./13. 1. 1945.
21 BA Berlin R 9361 I/791: Parteistatistische Erhebung der NSDAP aus dem Jahre 1939.
22 Ebd. R 3005/2041 und 3922.
23 Ebd. R 3001/56247–56248.
24 BA Berlin NJ/R–9; die Abschrift an Lammers ebd.
25 Ebd.

26 Ebd.
27 Ortner, Hinrichter, S. 136f.
28 Ebd. S. 149ff.
29 Zit. ebd.
30 Helmuth an Freya von Moltke 12./13. 1. 1945.
31 Zit. von Ortner, S. 229.
32 Die Prozesse vor dem VGH gegen die Widerstandskämpfer begannen am 7. 8. 1944.
33 BA Berlin NJ R/1.
34 Ortner, S. 255ff.
35 S. o. Anm. 4.
36 Thomas Mann, Joseph und seine Brüder, Bd. 2, Fischer TB 9436, S. 21f.
37 BA Berlin R 3005/2041.
38 Die nachfolgenden Einzelheiten in: BA Berlin R 22/1323.
39 Die Einzelheiten zu F. W. Röttger ebd.
40 BA Berlin R 22/1322.
41 Ebd. R 22/1324.
42 Ebd. Knaths an RMJ 10. 11. 1941.
43 BA Berlin R 22/1323 und 1324, mehrere Vorgänge.
44 Ebd. R 22/1324.
45 Ebd. R 22/1323.
46 Ebd. R 22/1323.
47 Ebd. R – NJ – 5 Bd. 1 und 2.
48 Ebd. R – NJ – Bd. 7.
49 Helmuth an Freya von Moltke 5./6. 12. 1944.
50 BA Berlin R 22/1324.
51 DER SPIEGEL 8/1979.
52 Zur Offensive der Roten Armee im Januar 1945 s. Overesch, Anm. 14., S. 571ff.
53 Stahlberg, S. 412ff.
54 Ebd. S. 414ff.
55 Kursbuch der DR 1944/45.
56 Freya von Moltke, Erinnerungen, S. 77ff.
57 BA Berlin R 3001/186868: Lautz an Freya von Moltke 25. 1. 1945.
58 S. Anm. 56.
59 Dönhoff, S. 26ff.
60 Ebd. S. 37ff.
61 Herodot, Historien I, 207.
62 Seneca, Moralische Briefe an Lucilius IV, 30.

Quellen- und Literaturverzeichnis

Bundesarchiv Berlin: R 3001/186868 (Prozessakten gegen Graf Helmuth von Moltke), NS 6/ 7, 9, 10, 13–15 (Berichte des Chefs der Sicherheitspolizei und des SD an den Leiter der Partei-Kanzlei der NSDAP, sog. „Kaltenbrunner-Berichte"); R 9361 I/791 (Parteistatistische Erhebung der NSDAP 1939, Fragebogen von Roland Freisler); R 3001/56247–56248, 186868 (Personalakten des Reichsjustizministeriums); R 3005/2041 (Verfahren des Ehrengerichtshofes der deutschen Rechtsanwälte gegen Roland Freisler von 1929) und R 3005/3922 (dito von 1932); R 3001/21322–21325 (Richtlinien für Scharfrichter, Bewerbung Friedrich Wilhelm Röttgers ebd. 21324); R 22/1324 (Scharfrichter, u. a. F. W. Röttger); NJ – R Bd. 1–12 (Verzeichnisse der Vollstreckungen im Großdeutschen Reich 1941–1944)
– Stadtarchiv Hannover, Sterberegister 1946
– Universitätsarchiv Jena Bestand K Nr. 308 (Promotionsakte Roland Freisler)

Benz, Wolfgang, *Der deutsche Widerstand gegen Hitler*, München 2014

Bleistein, Roman (Hg.), *Dossier: Kreisauer Kreis. Dokumente aus dem Widerstand gegen den Nationalsozialismus*, Frankfurt/Main 1987

Bonhoeffer, Dietrich, *Widerstand und Ergebung. Briefe und Aufzeichnungen aus der Haft*, hrsg. von Eberhard Bethge, Gütersloh 17. Aufl. 2002

Brakelmann, Günter, *Helmuth James von Moltke: 1907–1945. Eine Biographie*, München 2007

Dieckmann, Friedrich, *Gespaltene Welt und ein liebendes Paar. Oper als Gleichnis*, Frankfurt/Main und Leipzig 1999

Dönhoff, Marion Gräfin, *Namen die keiner mehr nennt. Ostpreußen – Menschen und Geschichte*, Düsseldorf/Köln 1962

Freisler, Roland, *Grundsätzliches über die Betriebsorganisation.* Schriften des Instituts für Wirtschaftsrecht der Universität Jena, Heft 3, Jena 1922

Gesangbuch für Evangelische Gemeinden Schlesiens, Breslau 1889

Geyken, Frauke, *Freya von Moltke. Ein Jahrhundertleben 1911–2010*, München 2. Aufl. 2012

Harpprecht, Klaus, *Harald Poelchau. Ein Leben im Widerstand*, Reinbek 2004

Havel, Vaclav, *Briefe an Olga. Betrachtungen aus dem Gefängnis*, Reinbek 1989

Jessen, Olaf, *Die Moltkes. Biographie einer Familie*, München 2010

Jürgenbehring, Heinrich, *Christus für uns heute. Dietrich Bonhoeffer lesen, interpretieren, weiterdenken*, Aachen 2009

Krockow, Christian Graf von, *Die Stunde der Frauen. Bericht aus Pommern 1944–1947*, Stuttgart 1988
Miller, Lee, *„Krieg". Mit den Alliierten in Europa 1944–1945. Reportagen und Fotos*, Berlin 2013
Moltke, Helmuth James und Freya von, *Abschiedsbriefe Gefängnis Tegel September 1944–Januar 1945*, hrsg. von Helmuth Caspar und Ulrike von Moltke, München 2011
Moltke, Helmuth James von, *Briefe an Freya 1939–1945*, hrsg. von Beate Ruhm von Oppen, München 1988
Moltke, Freya von, *Erinnerungen an Kreisau 1930–1945*, München 2. Aufl. 2006
Moltke, Helmuth James von, *Im Land der Gottlosen. Tagebuch und Briefe aus der Haft 1944/45*. Mit einem Geleitwort von Freya von Moltke, hrsg. und eingeleitet von Günter Brakelmann, München 2. Aufl. 2009
Ortner, Helmut, *Der Hinrichter Roland Freisler. Mörder im Dienste Hitlers*, Wien 1995
Overesch, Manfred, *Gesamtdeutsche Illusion und westdeutsche Realität. Von den Vorbereitungen für einen deutschen Friedensvertrag zur Gründung des Auswärtigen Amts der Bundesrepublik Deutschland 1946–1949/51*, Düsseldorf 1978
ders. *Chronik deutscher Zeitgeschichte. Politik – Wirtschaft – Kultur, Bd. 2 II: Das Dritte Reich 1939–1945*, Düsseldorf 1983
Poelchau, Harald, *Die Ordnung der Bedrängten. Autobiographisches und Zeitgeschichtliches seit den zwanziger Jahren*, Berlin 1963
Ramm, Armin, *Der 20. Juli vor dem Volksgerichtshof*, Berlin 2007
Roon, Ger van, *Neuordnung im Widerstand. Der Kreisauer Kreis innerhalb der deutschen Widerstandsbewegung*, München 1967
Roß, Jan, *Die Verteidigung des Menschen. Warum Gott gebraucht wird*, Berlin 2012
Stahlberg, Alexander, *Die verdammte Pflicht. Erinnerungen 1932 bis 1945*, Frankfurt 4. Aufl. 1994
100 Jahre Justizvollzugsanstalt Tegel, Berlin1998
Tuchel, Johannes, *„… und ihrer aller wartet der Strick". Das Zellengefängnis in der Lehrter Straße 3 nach dem 20. Juli 1944*, Berlin 2014
Yorck von Wartenburg, *Marion, Die Stärke der Stille. Erzählung eines Lebens aus dem deutschen Widerstand*, München 1987